Finance for People

사람을 위한 금융

Preface

금융은 기본적으로 재화와 용역의 교환을 용이하게 하고, 자원이 남는 부문으로부터 자원이 부족한 부문으로 희소한 자원을 이전시켜 경제 전체적으로 효율성과 생산성을 높인다. 그러나 금융의 순기능이 나타나기 위해서는 충족되어야 하는 전제 조건이 있다. 시장에 수요와 공급의 모든 측면에서 독과점이 없어야 하고, 여타 불균형과 불평등한 상황들이 크지 않아야 한다. 이런 측면에서 볼 때 현대의 자본시장은 금융이 원래의 순기능을 수행하기가 어려운 상태이며 이로 인해 금융이 오히려 사회의 부익부 빈익빈 현상을 강화시키고, 정작 금융의 순기능이 필요한 분야로부터 금융이 유리되는 현상이 나타나고 있다.

한편 현재 세계는 신자유주의의 폐해와 극단적 소득불균형으로 도덕적으로도 받아들이기 힘들고 경제적 측면에서도 각종 비효율과 비용을 양산하는 상태가 지속되고 있다. 세계화의 물결은 각종 사회적,

환경적 비용을 기업 외부에 전가시키면서 생산 요소가 저렴한 곳으로 기업의 생산 활동이 옮겨 다니고, 생산된 제품의 소비처가 생산지와 아주 멀리 떨어진 곳에 형성되는 사례도 부지기수이다. 이러한 상황에서 필연적으로 나타나는 것은 사회적, 경제적 약자의 양산이고 원거리 수송으로 인한 이산화탄소 배출 등 환경 파괴이다.

UN은 이러한 상황을 타개하고자 2016년부터 향후 15년간 지속가능 목표Sustainable Development Goals; SDGs를 설정하고 누구도 소외받지 않도록 하자No one left behind는 지향점을 설정하였다.

사람을 위한 금융은 이러한 세계적 움직임에 발맞추어 금융이 부자들만을 위한 것이 아니고 정말로 금융이 필요한 곳에 자금이 돌 수 있도록 하자는 시도이다. 전통적 금융 활동은 고위험-고수익의 원리에 근거하여 전개되기 때문에 가난한 사람들은 위험 프리미엄을 높게 지불하면서 자금을 조달해야 하고, 심지어는 아무리 위험 프리미엄을 높게 지불한다고 하여도 금융기관이 자금의 공급을 거절하는 사태가 발생한다. 이로 인해 가난한 사람들은 더욱 더 가난해지고 소득과 사회 양극화로 인한 비용은 고스란히 사회가 떠안아야 하는 사태를 발생시키고 있다.

정상적인 상황에서는 자금의 조달에 문제가 없는 기업들도 경제적으로 어려운 시기가 도래하면 자금조달이 어려워 기업활동이 더욱 위축되고, 금융기관이 지원되었던 자금도 위험관리 차원에서 회수해가는 소위 '비올 때 우산을 빼앗는' 형태의 운영으로 경제적 위기가 오히려 가속화되도록 하는 부작용을 발생시키고 있다.

이러한 상황을 시정하기 위해서는 지금까지 각 경제 주체들이 경제 활동을 하면서 사회에 전가하였던 비용들을 그 내부로 내재화하고, 개별 경제 주체의 목표와 더불어 사회 전체적인 목표를 조화시키려는 시도가 이루어져야 한다. 본 저서는 이러한 측면에서 금융기관을 위한 금융을 지양하고 사람과 사회, 환경을 위한 금융을 추구하는 노력을 강조하고자 한다.

 21세기의 중반까지 90억 인구를 예상하는 상황에서 이러한 노력이 배가되지 않는다면 인류는 실로 엄청난 대가를 치러야 할 것이다. 당장은 목전의 이익만 추구하는 것이 도움이 되는 것 같으나, 장기적으로 이는 해당 경제 주체뿐만 아니라 사회 전체적으로 대규모의 어려움이 발생될 수밖에 없기 때문이다.

 이미 우리가 직면할 어려움들을 간파하고 세상의 곳곳에서 자신을 희생하면서, 또는 자신과 사회의 목표를 조화시키면서 의미 있는 변화를 시도하는 사람들이 활동하고 있다. 이들의 활동에 동참하면서 지속 가능한 상황을 만들기 위해서는 자본주의의 효율성을 근간으로 하면서도 사회적으로 바람직한 상황을 만들어 가기 위한 사회적 합의를 도출하여 효율성과 공공성을 지혜롭게 조화시켜야 한다. 이러한 노력은 지속적으로 수행되어야 하며, 이론적 측면의 개발뿐만 아니라 실제 다양한 시도를 해 봄으로써 경험을 공유하고 쌓아 나가야 한다.

 이 책은 우리가 이러한 방향으로 나아가기 위한 과정에서 조그마한 디딤돌을 놓고자 하는 시도이다. 현재까지 시도되고 있는 사람과 사회를 위한 대표적 금융활동들을 살펴보고, 이러한 활동들의 범위와 깊이를 확장시키기 위한 혁신적 시도들을 소개하며, 마지막으로 이러한 금융 활동들이 더 활발하게 일어날 수 있는 환경의 조성에 대한 논의를 제시한다.

이 책이 나오기까지 여러 분들이 많은 수고를 해주셨다. 우선 책이 출판되어 나오는 모든 과정에서 힘든 일정을 소화하며 애써주신 최혜숙 실장님, 김주래 부장님을 포함한 한올의 모든 관계자분들께 감사드린다.

책을 집필하면서 각 주제에 대한 공부를 하는 과정에서 현장을 이해하는 안목을 좀 더 키울 수 있었고, 세상에는 뛰어난 생각을 가지고 남이 가보지 않은 길을 개척해 나가는 참 좋은 분들이 많다는 사실을 다시금 깨닫게 되었다. 사회의 구석구석에서 사람들을 위해, 그리고 사람들을 위한 금융을 위해 헌신하는 모든 분들께 깊은 경의를 표한다.

마지막으로 본인의 연구 활동이 가능할 수 있도록 편안한 울타리를 만들어 주는 가족과, 끊임없는 이해와 선한 의지로 뒤를 밀어주는 사랑하는 아내와, 사회와 사람에 대한 관심을 가지도록 이끌어주신 어머니 아버지께 이 책을 바친다.

2018년 봄 매지동산에서
김창수

문제의 제기

Prologue

지금 세계는 지나친 부의 쏠림으로 인한 경제적 양극화와 이로부터 파생되는 정치·사회적 문제점들이 도처에서 분출되고 있다. 미국에서는 2011년 금융기관들의 지나친 탐욕과 경제적 불평등에 분노한 시민들이 자본주의의 상징인 뉴욕시의 월스트리트에서 '월스트리트를 점령하자Occupy Wall Street'라는 슬로건 아래 73일간 시위를 이어갔다.

2014년 토마 피케티Thomas Piketty 파리 경제대 교수는 그의 저서 '21세기 자본'에서 돈이 돈을 버는 속도인 자본수익률이 사람이 노동을 하여 돈을 버는 속도인 경제성장률보다 빠르기 때문에 자본주의가 발전할수록 빈부격차가 심해진다는 것을 다양한 증거를 통하여 입증하고 있다Piketty 2014.

크레디트스위스 은행의 2014년 연례보고서에 의하면 1%의 부유층이 전 세계 자산의 48%를 차지하는 것으로 나타났다. 빈부격차가 심해지면 인간의 자존감 상실, 자살, 범죄의 증가, 사회적 비용의 증가 등 다양한 형태의 사회적 부담이 증폭된다.

이러한 문제를 해결하기 위해 여러 형태로 국가의 정책적 노력들도 존재하였으나 그리 만족할 만한 성과를 보이지 못하고 있다.

영국에서는 사회민주주의 기간1945~1975 동안 국가가 공익을 위해 시장과 사회에 개입하여 복지국가를 건설하고자 하였다. 그러나 사회민주주의는 심각한 관료주의와 비효율성을 노정시켰고 이를 극복하고자 소위 '대처리즘Thatcherism'으로 불리는 신자유주의 정책1975~1995이 수행되었다. 그러나 신자유주의 정책으로 인해 경제적 불평등이 심해지고 사회가 해체 위기에 직면하게 되자 토니 블레어Tony Blair 전 영국총리의 정책 브레인인 앤서니 기든스Anthony Giddens는 사회주의의 경직성과 자본주의의 불평등을 극복하기 위한 '제3의 길'을 주창한다.

같은 맥락에서 빌게이츠Bill Gates는 2001년 다보스에서 열린 세계경제포럼WEF에서 '인간의 얼굴을 한 자본주의'를 제안했다.

Contents

사람을
위한 금융

제**1**장

착한 금융?

제1장

착한 금융?

　자본주의의 부정적 결과와 이에 대한 해결을 위한 주장과 움직임들은 전 세계적인 현상이며 자본주의의 지속가능성에 강한 의문을 던지고 있다. 우리나라도 현재 자본주의의 폐해를 극복하기 위한 보편적 복지, 선별적 복지 논쟁이 진행 중이다.

　2010년 노벨경제학상을 수상한 Christopher Pissarides 교수는 "세금을 더 걷지 않고 복지를 늘리겠다는 정치인들의 방안은 지속 가능하지 않다."고 언급하면서 증세 없는 복지정책의 한계를 지적했다. 그러나 재정을 통한 복지정책의 확충은 매우 어려울 뿐만 아니라 지속 가능하지도 않다. 이러한 문제점에 대한 대안으로 최근 영국을 포함한 G8 국가들을 중심으로 사회적 금융을 활성화하여 복지 서비스를 확대하려는 정책적 시도가 확산되고 있다. 이는 민간의 창의성과 효율성을 활용하여 사회적 문제를 해결하고자 하는 시도이다.

　2014년 6월 G8 정상회의에서 임팩트 투자포럼이 개최되어 G8 국가 간에 사회적 임팩트 투자를 육성하기 위한 합의가 이루어졌다. 이는 세계경제의 저성장과 부의 양극화가 점차 보편화되는 상황에서 복지 확대와 경제성장을 동시에 추구하기 위한 정책적 노력이다.

우리나라에서는 2008년 사회적 기업 육성법이 마련된 이후 사회적 기업 및 조직의 수가 매년 증가하여 양적으로는 상당한 성장을 이루었다. 〈표 1-1〉에서 보는 바와 같이 2017년 10월 현재 사회적 기업 1,713개, 협동조합 10,640개, 마을기업 1,446개, 자활기업 1,149개가 활동하고 있고, 이들 조직이 고용하고 있는 인원도 9만 명이 넘는다. 그러나 질적인 측면을 보면 이러한 조직들의 운영에 있어 아직 개선되어야 할 부분이 매우 많고, 특히 국가의 지원이 중단되었을 때의 재정적 지속가능성이 큰 우려의 대상이다.

표 1-1 사회적 경제조직 현황

조직 유형	사회적기업	협동조합	마을기업	자활기업	합계
조직수(개)	1,713	10,640	1,446	1,149	14,948
비율	11.5%	71.2%	9.7%	7.7%	100.0%
고용인원(명)	37,509	29,861	16,101	7,629	91,100
비율	41.2%	32.8%	17.7%	8.4%	100.0%

자료: 일자리위원회, 사회적 경제 활성화 방안, 2017. 10.

〈표 1-2〉는 2016년 5월 서울시 소재 인증 사회적 기업, 마을기업, 사회적 협동조합 및 정책자금공급기관들의 주요 자금원을 보이고 있다. 가장 중요한 자금원은 정책자금으로 전체의 56.2%를 차지하고 있고 사회적 문제의 유형과 관계없이 이를 완화하기 위한 노력에는 정책자금이 가장 중요한 자금원이다. 이는 정책자금이 중단되면 지속이 불가능하다는 의미인데, 어떤 형태이든 재원의 지속가능성을 확보하지 못하면 사회적 경제 조직들은 성장은 고사하고 존속조차 보장할 수가 없는 현실이 반영된 것이다.

표 1-2 사회문제 유형별 선호 대출기관

	사회문제					
분류	일자리	문화/예술	사회서비스	환경	사회주택	전체
정책자금	16	15	5	4	1	41
	57.1%	62.5%	38.4%	66.6%	50.0%	56.2%
비영리 기관	9	5	4	1	1	20
	32.1%	20.8%	30.8%	16.7%	50.0%	27.4%
일반금융 기관	2	3	1	1		7
	7.2%	12.5%	7.7%	16.7%		9.6%
신협/ 마을금고		1	2			3
		4.2%	15.4%			4.1%
기타	1		1			2
	3.6%		7.7%			2.7%
계	28	24	13	6	2	73
						100.0%

자료: 서울특별시 사회적 경제지원센터, 서울시 사회적 경제조직 자금수요조사 및 정책자금 평가연구, 2016.

    이러한 상황을 타개하기 위한 방안으로 착한 금융, 임팩트 금융, 또는 사회적 금융을 개발하고 지원해야 한다. 전통적으로 금융은 가진 자들의 편에서 그들이 부를 더 많이 축적할 수 있도록 지원하는 측면이 강했다. 더 많은 것을 가지고자 하는 인간의 욕망을 실현시키고자 다양한 창의적 방식이 고안되었으며, 투자에 대한 위험을 관리하는 기법도 매우 잘 개발되어 왔다. 그러나 더 많은 부를 추구하는 과정에서 빈부격차와 사회적 문제는 점점 더 심해졌고, 각국의 정부는 이를 완화하기 위해 엄청난 예산을 쏟아붓고 있다. 그러나 문제는 사회 문제를 해결하기 위한 예산은 증가일로에 있으면서도 이의 집행은 매우 경직적이고 비효율적이어서 효과는 별로 없으면서 예산만 낭비하는 경우가 많은 것이다. 이러한 상황을 타개하기 위하여 전통적으로 가진

자의 편에 서 있는 금융을 끌어들여 창의적이고 효율적으로 사회적 문제를 해결하고자 하는 것이 사회적 금융이다. 즉, 금융 부문의 다양한 기법과 제도 그리고 민간의 창의성과 효율성을 동원하여 민간 자금을 활용하여 사회적 문제를 완화하면서도 일정 부분 수익성도 달성할 수 있도록 착한 금융을 시도하자는 것이다.

〈그림 1-1〉은 다양한 사회적 지원의 범주에서 사회적 금융이 차지하는 위치를 보이고 있다. 비영리단체의 일부와 사회적 경제 기업만 포함하는 좁은 범위로 사회적 금융을 한정할 수도 있지만, 자선 및 기부와 사회책임투자까지를 모두 포함하는 광의의 형태로 사회적 금융을 이해하는 것이 더 합리적일 것이다. 일반투자 및 금융이 영리만을 추구하는 것에 비해, 사회적 금융은 영리와 사회적 성과를 동시에 추구하는 금융이다. 사회책임투자가 재무적 가치에 더 비중이 있다고 한다면, 자선과 기부는 사회적 가치를 가장 높게 추구하는 금융지원 형태이다.

그림 1-1 사회적 금융의 위치

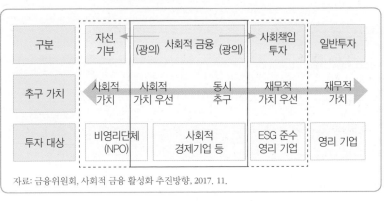

자료: 금융위원회, 사회적 금융 활성화 추진방향, 2017. 11.

〈표 1-3〉은 사회적 금융의 개념을 광의와 협의로 정의하고 있다. 협의로 보면 사회적 금융은 사회적 목적을 달성하기 위한 금융활동 중에

서 가장 발전된 단계의 금융이다. 가장 빈곤한 계층은 금융활동의 대상이 아니고 정부가 생계를 위해 재정 자금을 투입해야만 한다. 다음으로 빈곤으로 인해 신용이 낮거나, 담보가 없어서 정상적인 금융 서비스에 대한 접근이 어려운 사람들은 서민금융의 대상이다.

사회적 금융은 사회적 목적을 달성하기 위한 투·융자 및 자금 중개를 하는 것으로 사회적 문제 해결에 민간의 자금과 창의력을 활용함으로써 사회적 목적을 달성하고 투자수익률도 확보하고자 하는 매우 혁신적인 금융활동이다.

그러나 넓은 의미로 보면 서민금융도 시장의 작동만으로는 생존이 어려운 계층을 지원하는 사회적 목적을 가지고 있기 때문에 사회적 금융의 개념에 포함시키는 것이 합당하다.

📑 표 1-3 사회적 금융의 개념

무상지원	사회적 금융 (광의)	
	서민금융	사회적 금융 (협의)
극빈층에 대한 생계 지원	신용이 낮거나, 신용기록이 없어 금융기관 접근성이 낮은 저소득층에게 무담보 소액대출	• 사회적 목적을 달성하기 위한 투·융자 및 자금중개 • 사회적 기업에 대한 경영지원 • 공공복지, 환경 보호/개선 등의 사업을 수행하는 조직, NGO, 민간복지기관 등에 대한 지원 • 사회적 영향력 및 파급 효과 중시

이러한 사회적 금융 또는 사회적 투자 활동이 가장 활발한 국가는 영국인데 'Big Society'를 국정 철학으로 설정하고 체계적으로 사회적 금융시장 육성 정책을 시행하고 있다.

세계 최초로 사회성과채권을 발행하였고 사회적 투자은행인 'Big Society Capital'이 사회문제 해결에 있어 우수한 성과를 보이고 있다. 또한, 많은 자생적 사회적 기업들이 시장 경쟁원리와 민간의 투자에 의해 운영되면서 높은 혁신성을 기반으로 일자리를 창출하면서도 지속 가능한 수익률을 창출하는 효과를 내고 있다.

UN은 새천년 개발목표Millennium Development Goals; MDGs에 이어 2015년부터 2030년까지 다음 15년간 인류가 나아갈 방향으로 17개의 지속가능개발목표Sustainable Development Goals; SDGs를 제시했다. 이 목표들을 달성하기 위해서는 다양한 형태의 재원이 필요하게 된다. 특히, 유럽, 북미, 동아시아 각국은 저성장 고령화의 고착화로 인해 재정 투입을 통한 사회적 문제 해결이 해가 갈수록 어려워지고 있다. 이러한 상황에서 민간의 창의성과 자금을 활용해 사회적 목적을 달성하면서도 투자 자금에 대한 지속 가능한 수익률을 확보하려는 시도는 매우 시의적절하면서도 필수적이다. 이러한 현상에 대한 이해를 바탕으로 우리는 이 책에서 사회적 문제의 해결과 빈곤의 감소를 위한 사회적 금융 활동으로 소액금융Microfinance, 크라우드펀딩Crowdfunding, 사회책임투자Socially responsible investments, 사회성과채권Social impact bond을 살펴본다. 다음으로 사회적 투자 펀드, 이자를 받지 않는 은행, 민관협력 지역금융 등 사회적 성과와 재정적 성과를 동시에 달성하기 위한 혁신적 시도를 소개한다. 마지막으로 온라인 기부/투자 사이트, 사회적 거래소, 채권발행 지원, B Lab 등 사회적 금융 활동이 좀 더 활발하고 광범위하게 이루어질 수 있게 도움을 주는 사회적 금융 인프라에 대해 살펴본다.

다솜이 재단

2007년 사회적기업 육성법이 발효되어 고용노동부가 인증하는 사회적기업 1호가 탄생하였는데 바로 다솜이재단이다. 2004년 교보생명보험과 '함께일하는재단'이 협력하여 만든 '교보다솜이 간병봉사단'이 2005년 정부가 추진하는 사회적 일자리 창출 기업에 선정되었고, 이후 지속적으로 활동을 수행하던 중 사회적기업 육성법이 통과되면서 2008년 다솜이재단이 만들어졌다. 사회적 문제를 해결하기 위해 정부, 기업, 비영리재단이 공동협력한 좋은 예이며, 각 기관이 서로의 강점을 살리면서 시너지를 창출하여 투자 효과를 높이고, '괜찮은 일자리 창출'에 기여하고 있다.

다솜이재단은 양질의 사회서비스와 품위 있는 일자리를 제공하여 사회적 약자의 삶의 질 향상에 기여한다는 미션을 가지고 있다. 이를 위해 존중, 혁신, 열정의 세 가지 핵심가치를 견지한다. 즉, 사회적 약자를 존중하는 마음 자세를 견지하고, 간병 및 요양 서비스 사업을 보다 효과적으로 수행할 수 있도록 지속적인 혁신을 하며, 자신과 재단의 발전을 위한 열정을 강조한다. 다솜이재단의 구체적 비전은 간병 및 요양서비스 산업을 선도하는 사회적 기업으로 발돋움하는 것이다. 이를 위해 영리업체와는 차별화되면서 좋은 서비스를 제공하고, 간병과 요양 서비스 간 시너지를 창출하기 위해 노력하며, 이를 통해 직원, 재단, 지역사회, 관련 기관 등 모든 이해 관계자들을 위한 경제적 및 사회적 가치를 창출하고자 한다.

다솜이재단은 사회적 취약 계층에 초점을 맞추고 있는데 공급 측면에서는 여성 가장 등 어려운 사람들이 간병 전문가로 성장하여 자립할 수 있는 기회를 제공한다. 수요 측면에서는 취약계층 환자에 대한 무료 간병 서비스를 제공한다. 다솜이재단은 초창기 2년 동안의 무료 간병 서비스 경험을 바탕으로 2006년 유료 간병 서비스를 시작하였다. 이로부터의 경제적 수익은 부족한 사회서비스를 확충하고 간병인들의 복리 후생을 지원하는 데 사용된다.

간병업계 최초로 근로기준법을 준수하면서 고용을 실천하고 있고, 탄력적 교대 근무제공동 간병 모델를 도입하여 간병인들이 일과 가정을 조화할 수 있도록 돕고 업무의 효과를 높이고 있다. 다솜이재단은 서비스를 표준화하고 품질관리체계를 도입함으로써 서비스의 질을 높이고, 돌봄 분야의 교육을 지속적으로 수행하여 직원들과 관계자들의 전문성과 현장 적응력을 향상시키고 있다. 이로 인한 고객만족은 재단의 장기적인 발전을 위한 초석이 된다.

또한 노령 인구의 증가로 점점 수요가 높아지는 요양 및 돌봄 서비스 분야에 대해 정부, 공공기관, 기업, 비영리단체 등을 대상으로 맞춤형 아카데미 컨설팅 사업을 수행하고 있다. 다솜이재단은 국내에서는 사회적 기업 최초 지속가능보고서도 발간하고 있다.

이러한 공로를 인정받아 2017년 산업통상자원부 국가기술표준원에서 주최한 제43회 국가품질경영대회 '서비스품질부문 장관상'을 수상하였고, 동년 씨티은행이 후원하고 신나는조합이 주관하는 제1회 한국 사회적기업상 대회에서 '일자리 창출부문' 사회적기업으로 선정되었다.

다솜이재단, http://www.dasomi.org/nr/?c=1/8.

사람을
위한 금융

제2장

소액금융
(Microfinance)

제2장

소액금융
(Microfinance)

1. 소액금융의 필요성

금융 활동 중 가장 쉽게 떠올릴 수 있는 것은 돈을 꾸거나 빌려주는 것이다. 경제적 약자나 빈곤층은 이러한 금융 활동에 대한 접근이 제한되어 더욱 살림이 어려워지는 경향이 있다.

일반적으로 시중은행이나 비은행금융기관들은 기업이나, 중소기업, 그리고 대출을 충분히 갚을 능력이 있는 개인들을 상대한다. 그리고 대출을 해 주는 경우 기본적으로 보증이나 담보를 요구한다.

가난한 사람들은 담보로 제공할 재산이나 물건이 없고, 과거의 신용 기록도 없기 때문에 자연스레 금융서비스에서 소외되고 이들에 대한 유일한 자금원은 높은 금리를 부과하는 고리대금업자들이다. 이러한 상황을 타개하는 한 가지 방법으로 나타난 것이 소액금융 microfinance이다.

소액금융기관들은 빈곤층이나 정규 금융기관에서는 대출을 받을 수

없는 소규모 사업자들을 대상으로 대출을 해 주며 이러한 과정을 통해
소득불균형과 빈곤 문제를 완화하고자 노력한다.

2. 소액금융의 역사

가난한 사람들은 소액으로 서로 상부상조하는 형태로 가난을 완화
할 수 있는데, 1800년대에 독일에서는 Friedrich Wilhelm Raiffeisen이
가난한 사람들을 돕는 체계적 금융시스템을 구축하기 위한 방법의 하
나로 신용조합credit union 개념을 도입하였다. 그는 Flammersfeld의 젊
은 시장으로 근무하면서 가난한 농민들이 고리대금업자로부터 수탈을
당하는 것을 보고, 1864년 가난한 사람들이 서로 도우면서 대출을 해
주는 농촌 최초의 신용조합을 설립하였다.

그림 2-1 Friedrich Wilhelm Raiffeisen

이후 1950년부터 1970년대 초반까지 소규모 농부들을 대상으로 농
업대출을 해주는 것이 소액금융과 유사한 역할을 담당했다. 1970년대
중 후반에는 아시아와 남미 지역의 가난한 마을에서 일련의 대출 실
험이 수행되면서 전 세계적인 소액금융 운동이 시작되었다. 대표적

인 예로 방글라데시 치타공 대학Chittagong University의 무하마드 유누스 Muhammad Yunus 교수가 1974년부터 수행한 무담보 소액대출을 들 수 있다. 그는 42명의 가난한 사람들에게 자신의 돈을 조금씩 대출해 주었다. 이중에는 대나무 가구를 만드는 매우 가난한 여성이 포함되어 있었는데 그녀는 추후 빌려간 돈을 모두 상환했다. 이에 고무된 유누스 교수는 1976년에 소액금융 활동을 확장했고, 1983년 방글라데시에 그라민 은행Grameen Bank을 설립했다. 그와 그라민 은행은 빈곤퇴치에 대한 공로를 인정받아 2006년 노벨상을 수상했고 이후 세계적인 주목을 받으며 소액금융 활동이 확산되어 나갔다.

3. 소액금융의 특징

소액금융은 빈곤층과 소규모 사업자에 대해 대출, 예금, 보험 등 필요한 금융 수요를 충족시킨다. 세계적으로 각 지역의 상황에 따라 조금씩 다르기는 하나, 대체로 다음과 같은 특징을 가진다.

◈ 자산, 일정한 직업, 신용 기록이 없어서 일반 신용기관에서 대출을 받을 수 없는 사람들에게 소액대출을 제공한다. 일반적으로 담보가 없는 단기 대출이며 가난한 사람들이 스스로 생존할 수 있는 자영업을 가질 수 있도록 지원하는 것이 주된 목적이다.
◈ 이윤의 극대화가 아닌 적정한 수익과 사회적 목적 달성을 기반으로 한 지속가능성이 그 목표이다.
◈ 1인당 거래 규모가 너무 작기 때문에 일정 수준 이상의 영업 규모가 되어야 지속 가능하다.

⊙ 여성에게 주로 대출을 함으로써 여성의 역량과 사회적 지위를 높이는 효과를 발생시키고 회수율을 향상시킨다.

⊙ 개인이 아닌 집단에 대한 대출을 함으로써 채무의 회수가능성을 높이고 이를 사회개발의 수단으로 활용한다. 즉, 집단대출을 통해 대출받는 사람들로 하여금 빈곤퇴치를 위해 서로 돕는 사회적 분위기를 조성한다. 회수율이 상승하면 사람들이 서로 협조하면서 격려하게 되고 이것이 협동의식을 공고하게 한다.

⊙ 집단대출 대상의 예로 자조집단, 스스로 돕는 집단Self Help Group; SHG을 들 수 있는데 다음과 같이 작동된다. 〈그림 2-2〉는 자조집단의 회의 모습이다.

📷 그림 2-2 대출 집단 회의

- 10명 내지 20명 정도 규모로 서로 마음이 맞고 가까운 사람들끼리 형성한다.

- 회원들은 주별 회의에 참석하며 스스로 대표를 선출한다. 대표는 일정 임기를 주기로 회원들 안에서 순차적으로 선출되는데, 이는 대표의 역할을 수행함으로써 소액금융 활동에 대한 이해를 높이고 서로 상부상조하는 교육적 효과를 얻기 위함이다.

- 회원들은 소액이지만 정기적으로 예금을 한다.
- 각 자조집단은 은행 대출 계좌를 가지는데 이는 해당 집단의 대표가 관리하며, 소액금융기관은 이 집단을 대상으로 대출한다.
- 집단의 대출계좌로부터 내부에서 정한 규칙에 의해 회원들에게 내부 대출을 해 줄 수 있다. 대출을 받을 사람이나 순서 등 내부 규칙은 회원들이 상의하여 자발적으로 결정한다.

소액금융은 정부의 구빈 활동과 비교되는데 가령 가난한 농부들에게 보조금을 지급하는 것은 다음과 같은 이유로 매우 비효율적이다.

⟩ 보조금 지급은 유인부합적이지 않기 때문에 개발 의욕을 감퇴시킨다. 따라서 그냥 도움을 주는 것보다는 대출을 함으로써 대출자가 빌린 돈을 갚도록 하고, 이를 통해 무상으로 보조를 받는 타성을 근절하는 것이 필요하다.

⟩ 과거의 경험으로 보면, 대부분의 유상 보조금 프로그램은 대규모 대출 손실로 이어졌고 빌려준 자금에 대해 빈번한 조정이 이루어졌다.

- 이유는 정부의 보조금 지급이 통상 사회보장의 한 종류로 인식되기 때문에 돈을 빌리는 사람이 갚고자 하는 뚜렷한 동기를 갖지 못한다.
- 사태를 더 악화시키는 것은 선거철이 되면 기존의 부채를 탕감해주겠다는 공약이 난무하는데, 만일 새로운 정부가 약속을 지키기 위하여 기존 부채를 탕감하면 차입자들의 도덕적 해이를 조장한다.

⟩ 어떤 형태이든지 정부의 개입은 구축효과crowding out effect를 발생시키는데 소액금융 활동의 경우에도 정부의 구빈 활동은 그나마 싹을 틔우는 민간의 자발적 금융 활동을 마비시키거나 매우 약화시킨다.

⟩ 결과적으로 시장 규율에 의한 제도와 이를 위한 체계적이며 금융적

인 접근이 요구되는데 그 대안 중의 하나가 소액금융이다. 가난한 사람들은 비록 가난하기는 하지만 기회가 주어지면 자립하고자 하는 의지가 있고, 금융서비스의 거래비용과 소액대출자에 대한 불완전한 정보로 인해 요구수익률이 올라갈지라도 통상 높아진 금리를 감당할 역량이 있다. 따라서 소액금융은 정부의 보조금 사업보다 더 효과적이다.

4. 소액금융 서비스의 종류

소액금융은 가난한 사람들을 위한 일련의 금융서비스를 포함하는데 이에는 대출, 예금, 보험, 송금 등이 포함된다. 이뿐만 아니라, 가난한 사람들은 일반적으로 사업을 하는 지식이 부족하기 때문에 이들의 자활을 돕기 위하여 기술 훈련, 마케팅, 인사, 조직 관리, 건강 및 교육 서비스 등 다양한 형태와 규모의 비재무적 지원이 포함된다.

1) 소액대출

⊙ 가난한 가정은 가난으로부터 벗어나고자 하여도 초기 투자자금이 부족하여 조그만 사업이라도 시작조차 할 수 없는 것이 현실이다. 이들에게 소액대출을 해줌으로써 빈곤을 끊고 수익을 창출할 수 있는 기회를 제공한다.

⊙ 대부분의 저개발국은 농업 부문이 크고 가난도 농촌지역에 집중되어 있는데 따라서 자연재해는 치명적이다. 소액대출은 이러한 자연재해로부터의 타격을 완화해 줄 수 있다.

⊙ 가난한 사람들은 질병 기타 사고 등의 위험에 특히 취약한데, 이들에게 소액대출을 해줌으로써 일차적 생존의 기회를 제공한다.

2) 예적금

◎ 가난한 사람들이 가난을 극복하고 비상시에 쓸 재원을 축적할 수 있도록 예금 및 적금 서비스를 제공한다.

3) 자금이체 및 송금 서비스

◎ 돈을 주고받는 과정에서 발생하는 시간과 노력을 줄여 생산적 활동에 투입할 수 있도록 계좌 간 자금이체 서비스를 제공한다.

◎ 가난한 국가의 사람들은 국가 자체가 가난하여 국내 일자리 기회가 많지 않아 가족 구성원들이 외국에 가서 일을 하는 경우가 많다. 이 경우 생활비를 보내거나 외국에서 번 소득을 국내로 보내는 편의를 제공하기 위하여 국내외로의 송금 서비스를 제공한다.

4) 소액보험(Micro-insurance)

◎ 이는 가난한 가정에 대한 보험이다. 많은 빈곤 가정의 경우 소액금융을 통한 대출과 예금으로 약간의 재원을 축적할 수 있으나, 질병, 재난, 가뭄, 홍수 등 이들이 어렵게 일구어 놓은 재정적 기반이 한꺼번에 소멸될 수 있는 위험들이 존재한다. 소액보험은 이러한 위험에 대한 보험서비스이다.

◎ 소액보험은 생명보험, 건강보험, 재산에 대한 보험, 장애보험, 농업보험 등 다양한 형태의 보험 서비스를 제공한다. 빈곤 가정은 소액의 보험료를 부담함으로써 주요 사건에 대해 최소한의 방어 기제를 마련할 수 있다.

◎ 소액보험도 여타 보험회사나 위험관리 기관과 같이 다음과 같은 조건을 만족시켜야 한다.

- 유사한 위험에 노출되는 여러 단위나 소비자가 존재해야 한다. 예를 들어, 화재보험의 경우 모든 가정이 다 화재의 위험에 노출되어 있기 때문에 보험 사업이 가능해진다.
- 보험에 가입하는 사람이 해당 위험의 발생에 영향을 미칠 수 없거나 아주 제한된 정도의 영향만 미칠 수 있어야 한다. 예를 들어, 질병이 발생하는 것은 사람이 고의적으로나 직접적으로 질병이 발생하도록 하는 것이 아니고 위생 상태 등 여러 가지 요인에 의해 간접적으로 발생하는 것이기 때문에 사람의 질병 발생에 대한 영향이 제한적이다.
- 사람들이 발생할 수 있는 위험에 대비하기 위해 보험을 들고자 하는 시장이 존재해야 한다.
- 손실과 손실 확률이 산정될 수 있어야 하고 총체적 재난 수준이 아니어야 한다. 총체적 재난의 경우에는 보험회사 자체가 붕괴하기 때문에 보험의 의미가 없다.
- 보험 프리미엄이 크게 부담되지 않아야 한다.

5. 소액금융의 현황

〈그림 2-3〉에서 보는 바와 같이 현재 수많은 가난한 사람들에게 수많은 소액금융기관들이 서비스를 제공하고 있다.

〈표 2-1〉은 〈그림 2-3〉의 자료를 정리한 것인데, 2016년 기준으로 볼 때 전 세계적으로 1,112개의 소액금융기관이 활동하고 있고, 소액금융 이용자 수로 보면 2015년에는 13.4%, 2016년에는 9.6% 증가하여 2016년 현재 1억 3,200만 명이 소액금융 서비스를 받고 있다. 이 중 농촌차입자가 60%를 차지한다.

대출액은 총 1,020억 달러인데 2015년에는 8.6%, 2016년에는 9.4%의
성장률을 보이고 있다.

그림 2-3 전 세계 소액금융 현황

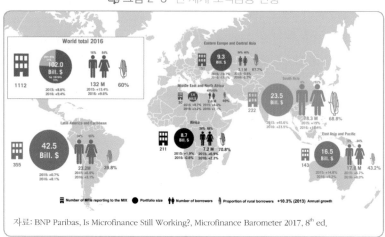

자료: BNP Paribas, Is Microfinance Still Working?, Microfinance Barometer 2017, 8th ed.

지역별로는 이용자 수로 볼 때 남부 아시아가 가장 활발한데, 전체
이용자 수의 60%를 차지하고 있고, 대출액 역시 폭발적으로 증가하여
2015년 45.6%, 2016년 23.5%로 가장 높은 증가율을 보이고 있다. 그러
나 소액금융기관의 수와 액수를 기준으로 보면 남미와 카리브해 연안
국이 가장 활발한데 355개의 소액금융기관이 425억 달러의 대출을 기
록하고 있다. 따라서 소액금융으로 대출을 받는 일인당 규모로 환산했
을 때 남부 아시아가 남미와 카리브해 연안국보다 훨씬 적음을 알 수
있다. 그 다음으로 동아시아와 태평양 지역이 165억 달러의 대출을 보
이고 있다. 그러나 유럽은 93억 달러, 사하라 남부 아프리카는 87억 달
러로 상대적으로 다른 지역에 비해 소액금융 활동이 저조한 것으로 나
타났다. 국가별로 보면 인도가 가장 활발해서 4,700만 명의 차입자가

150억 달러의 대출을 받았으며, 그 다음을 베트남, 방글라데시, 페루, 멕시코 등이 잇고 있다.

표 2-1 전 세계 소액금융 현황

구분	소액금융 기관수	대출액 규모 (단위: 10억 달러)	차입자 수 (단위: 백만 명)			농촌차입자 비율 (%)
			전체	남(%)	여(%)	
전 세계	1,112	102.0	132	16	84	60.0
2015 성장률 (%)		8.6	13.4			
2016 성장률 (%)		9.4	9.6			
남미와 카리브해	355	42.5	23.2	34	66	39.8
2015 성장률 (%)		0.7	6.9			
2016 성장률 (%)		8.1	3.1			
유럽과 중앙 아시아	151	9.3	3.1	54	46	67.7
2015 성장률 (%)		19.7	0.6			
2016 성장률 (%)		11.1	2.5			
중동과 북아프리카	30	1.4	2.4	40	60	49.0
2015 성장률 (%)		9.7	6.6			
2016 성장률 (%)		3.2	7.1			
아프리카	211	8.7	7.2	34	66	70.8
2015 성장률 (%)		1.9	6.9			
2016 성장률 (%)		0.6	2.3			
남아시아	222	23.5	78.3	8	92	68.8
2015 성장률 (%)		45.6	19.0			
2016 성장률 (%)		23.5	13.4			
동아시아와 태평양	143	16.5	17.8	6	94	43.2
2015 성장률 (%)		14.8	6.7			
2016 성장률 (%)		9.2	8.0			

자료: BNP Paribas, Is Microfinance Still Working?, Microfinance Barometer 2017.

소액금융기관들은 통상 NGO들이지만, 정부기구, 은행, 다른 금융기관들도 소액금융 서비스를 하고 있다. 공식적인 금융기관들은 공공은행, 사적은행, 보험회사, 금융회사 등이 있고, 준공식적인 기관들은 협동조합과 협동조합은행 등이 있으며, 비공식 기관들로는 NGO들, 자조집단들self-help groups, 그리고 개인들이 있다. 소액금융은 주로 저개발국에서 가난을 퇴치하기 위해 이에 특화된 기관Microfinance Institute; MFI들이 주로 서비스를 제공하였으나, 현재는 위에 언급한 여타 기관들, 특히 은행들도 영리목적으로 소액금융 서비스를 제공한다. 소액금융기관이 서비스를 제공하기 위해서는 자금을 조달해야 하는데, 주요 자금원은 상업은행, 국유은행, 협동조합 등 금융기관과 투자펀드 등이다.

선진국 연기금 및 사모펀드 등도 저개발국 소액금융기관에 투자하고 있는데 대표적인 예로 미국의 교육분야 기금인 TIAA-CREF, 독일의 공무원 연기금인 ABP, 독일 의료계 종사자 펀드인 PGGM, 스위스 연기금 Finethic 등이 있다. 이러한 투자펀드 등이 소액금융기관에 자금을 지원하는 이유는 소액금융 산업이 자신들이 현재 사업을 영위하고 있는 분야와는 다른 영역이기 때문에 효과적으로 위험을 분산하면서 수익을 창출할 수 있는 기회가 존재하기 때문이다.

6. 소액금융에 대한 비판

빈곤퇴치, 여성의 지위 강화 등 소액금융의 순기능에도 불구하고 이에 대한 여러 가지 비판이 제기되고 있다.

◎ 우선 소액금융이 민간 부문에서 활발하게 일어나는 것은 반가운 일이다. 그러나 빈곤퇴치, 교육, 보건 등은 기본적으로 정부의 역할인

데 소액금융 활동으로 인해 자칫 정부가 이러한 프로그램에 지출해
야 하는 예산과 의무를 민간에 미루는 효과를 발생시킬 수 있다.

◎ 소액금융 활동의 성과가 통상 대출자의 시각에서 평가된다는 비판
이 있다. 예를 들어, 소액금융기관의 재정적 생존가능성이 지나치
게 강조되면 가난한 사람들의 생활 향상에 대한 실질적 효과를 발
생시키지 못할 수도 있다.

◎ 소액금융 지원을 받은 사람들의 수나 회수율은 소액금융이 달성하
는 사회적 영향력의 지표가 될 수 있으나, 회수율을 강조하는 경우
자칫 본래의 취지와 벗어나 정작 어려운 계층이 아닌 자금의 여유가
조금이라도 있는 사람들에게 대출을 해 주는 경향이 발생할 수 있다.

◎ 본래 소액금융은 가난한 사람들로 하여금 나름의 사업을 하여 소득
을 발생시키고 빈곤에서 탈출하게 하는 것이 목적이다. 그러나 차
입자들이 빈곤을 벗어나기 위한 투자보다는 일상적 소비와 구매를
위해 자금을 사용하는 경우도 많아 오히려 이들이 부채를 지게 됨
으로 인해 더 가난해지는 역효과를 발생시킬 수 있다.

◎ 여성들에게 대출을 해주는 경우 가정에서의 역학관계 때문에 본래
의 의도와는 달리 남편들이 돈을 탕진하고 부인들은 빚에 시달리게
되는 사례도 종종 발생한다. 또한 아직 여성의 위상 향상을 받아들
일 사회적 변화가 없는 상황에서는 여성의 위상 향상이 오히려 가
정의 불화를 초래하고 이것이 오히려 여성들에게 불리하게 작용하
는 효과도 발생시킨다.

7. 소액금융의 개선 방향

소액금융의 효과를 높이기 위하여 소액금융의 공급 측면과 수요 측

면에서 여러 가지 개선이 이루어져야 한다. 공급 측면에서는 다음과 같은 경제 사회적 측면을 고려하여야 한다.

우선 금융산업은 사회에 거래에 대한 신뢰가 형성되어 있어야 발전할 수 있는데 정치적 불안정성은 심각한 신뢰의 문제를 초래한다. 특히 소액금융과 같이 담보나 유형적인 보증이 없이 차입자의 진정성에 의존하는 산업에는 매우 치명적이므로 정치적 안정성을 확보하기 위한 노력이 수반되어야 한다.

다음으로, 소액대출뿐만 아니라 예·적금, 송금, 보험 등 종합적인 소액금융 서비스를 제공하기 위해서는 관련된 인프라와 사회적 서비스가 구축되어야 한다.

경제 성장률 측면에서는 소액금융의 지속가능성을 위해서 양의 경제 성장이 필요하다. 이유는 경제가 정체되거나 음의 성장을 하는 경우 가장 타격을 받는 집단이 가난한 사람들이므로 이들이 소액이나마 원리금을 상환하지 못하여 오히려 빈곤을 확대시킬 수 있기 때문이다.

실질적 운영에 있어 공급 측면에서 고려할 주요 사항 중의 하나로 적정 이자율을 들 수 있다. 소액금융기관은 지속가능성을 확보해야 하므로 자금조달 비용보다는 높은 대출 금리를 확보해야 한다. 특히 인플레이션은 소액금융기관에 실질적 비용을 유발시키므로 인플레이션을 포함시킨 명목 금리가 보장되어야 한다. 물론 소액금융기관들은 기부금의 모집, 자원봉사자의 활용, 정부 보조금의 확보 등 조달비용을 낮추기 위한 다양한 노력을 기울여야 한다. 그러나 명심할 것은 소액금융기관은 자선기관이 아니라는 점이다. 수익의 극대화가 목표는 아니지만 해당 기관이 지속적으로 성장하고 발전하여 더 많은 어려운 사람들을 도울 수 있도록 지속가능성을 확보할 수 있는 이자율을 적용할 수 있어야 한다.

사람을 위한 금융

고객과 시장의 신뢰와 관련된 정보비대칭 비용을 감안하여 수요 측면에서의 주요 고려사항은 다음과 같다. 소액금융의 경우 무엇보다 고객의 발굴이 관건인데 이에는 직접적 발굴과 간접적 발굴이 있다. 소액금융기관은 경제나 인구의 특정 분야에 자금을 제공하는 역할을 하는 것인데 직접적 고객 발굴을 시도하는 경우 소액금융기관이 자금 차입자의 상황을 잘 모를 수 있다. 이 경우 선진국에서 성공한 금융 서비스 방식을 현지의 상황에 대한 고려 없이 단순 적용하면 실패의 가능성이 높다. 이러한 문제를 극복하기 위해 간접적 고객 발굴을 활용할수 있다.

예를 들어, 소액금융기관은 차입자 집단을 대상으로 대출을 해주고 해당 집단이 그 회원 중에 누구에게 대출을 해줄지 결정하도록 함으로써 정보비대칭과 관련된 비용을 상당 부분 낮출 수 있다.

집단 대출을 하지 않더라도 소액금융기관을 지역밀착형으로 운영하고 자원봉사자들을 소액금융 활동에 투입하여 경영지도 및 현황 파악이 지속적으로 이루어지도록 함으로써 정보비대칭 비용을 대폭 낮출수 있다. 이러한 방식이 효과적으로 운영되는 경우 유인일치성을 향상시키기 때문에 부적절한 고객은 자연스레 걸러진다. 특히 소액금융기관은 지속가능성을 위하여 차입자의 담채능력도 감안해야 하는데, 담채능력이라 함은 차입자가 추가적인 현금흐름의 위험성 없이 자금을 차입할 수 있는 능력을 말한다. 자금을 차입하는 집단은 구성원이 상환을 하지 못하는 경우 전체 집단에 영향을 미칠 수 있기 때문에 이러한 점이 자연스레 해결될 수 있다.

소액금융기관의 규제 측면에서도 거래의 안정성과 소액금융의 본래 취지를 동시에 달성하기 위해서는 여러 가지 사항들을 고려하여야 한다. 우선, 소액금융기관이 난립하거나 진정성 없는 소액금융기관이 진입하는 것을 막기 위해 최소 자본규모를 설정하는 것이 필요하다. 이를 만족시킨다 하더라도 소액금융기관의 지속가능성을 확보하기 위해 자본 적정성, 즉 적정한 부채 대비 지분 비율을 설정하여 부채를 사용한 지나치게 공격적인 경영으로 인한 폐해를 줄여야 한다. 유동성 기준 또한 중요하다. 장기적으로 부채 비율이 적정하다 할지라도 단기적으로 유동성 곤란을 겪어 소액금융기관이 도산하는 사태를 방지해야 한다. 한편 위험관리 차원에서 소액금융기관의 자산의 구성과 질, 그리고 자산 포트폴리오가 분산이 잘 이루어질 수 있도록 시스템을 마련해야 한다.

마지막으로 사회적 측면에서 소액금융기관이 활동하는 지역의 문화 및 역사와 일관성 있는 제도와 절차를 구축해야 한다. 여성의 지위 향상에 대한 공감대가 전혀 형성되어 있지 않은 사회에서 여성들의 지위 향상을 위해 여성들 명의로 대출을 하는 경우 가난보다 더 큰 사회적 문제를 초래할 수 있다. 집단 대출이 회수율의 향상에 도움이 되는 것이 사실이나 이는 사람들의 이동이 적은 농촌지역에 합당한 모형이다. 도시지역은 구성원들이 빈번히 이사를 다니고 구성원들 사이의 유대도 강하지 않기 때문에 개인을 대상으로 한 대출이 더 효과적일 수 있다. 소액금융의 지원액수도 해당 지역의 경제적 상황과 소액금융기관의 자금조달 상황을 감안하여 융통성 있게 운영되어야 한다.

8. 소액금융 사례

소액금융의 가장 성공적인 사례는 1983년 방글라데시 치타공 대학에서 경제학을 가르치던 무하마드 유누스Muhammad Yunus 박사에 의해 설립된 그라민 은행Grameen Bank이다.

📋 표 2-2 그라민 은행 현황

(단위: 백만 BDT)

설립 후 총 대출금	1,676,241.7
설립 후 총 상환금	1,529,549.1
현재 대출금	146,692.6
상환율	99.2 %
현재 예금 잔고	206,254.7
회원 예금	140,832.3
비회원 예금	65,422.4
예대비율	141 %
마을 전화기 수 (누적)	1,805,293대
주택대출로 지어진 주택 수 (누적)	717,677채
생명보험 펀드 (누적)	
사망자 수	191,890명
보험금 지급액	330.0
고등교육 대출 (누적)	
여학생 수	12,952명
남학생 수	40,947명
총 학생 수	53,899명
여학생 대출액	1,003.7
남학생 대출액	2,757.4
총 대출액	3,761.1
장학금 (누적)	
여성 수혜자 수	155,549명
남성 수혜자 수	105,579명
총 수혜자 수	261,128명
여성 장학금	285.3
남성 장학금	193.3
총 장학금	478.6
회원수	8,950,612명
여성	8,651,180명
남성	299,432명
그룹 수	1,381,990개
센터 수	140,239개
마을 수	81,401개
지점 수	2,568개

자료: Grameen Bank, Monthly Report, No. 457, 2018.

그림 2-4 Muhammad Yunus

이후 그라민 은행과 유누스 박사는 소액금융을 통한 빈곤퇴치 및 사회개발 활동을 지속적으로 수행하였는데, 이러한 공로를 인정받아 2006년 노벨평화상을 수상하였다.

그라민 은행의 소액금융은 소액금융지원시스템Credit Delivery System을 통해 이루어진다Grameen Bank 2018. 이에 의하면 우선 가장 가난한 사람을 지원하는 것이 원칙이다.

대출되는 금액은 3,000BDT한화 4만원 정도 ~ 10,000BDT한화 13만원 정도인데 가난한 사람들이 약속을 지키면서도 크게 부담이 되지 않도록 50주에 걸쳐서 원금과 이자를 포함한 할부 형태로 갚는다.

통상 우선순위가 여성에게 있는데 대출의 96% 정도가 여성에게 지원된다. 이로 인해 〈표 2-2〉에서 보는 바와 같이 2018년 1월 현재 총 회원 약 895만 명 중 여성 회원의 수가 약 865만 명으로 96.7%를 차지하고 있다. 방글라데시의 인구가 1억 6,300만 정도인데 20명에 1명은 그라민 은행의 회원인 것을 알 수 있다.

📋 표 2-3 16개 결의 (16 Decisions)

01. 우리는 우리의 삶의 모든 과정에서 그라민 은행의 4개 강령을 따르고 발전시킨다. – 절제(Discipline), 단합(Unity), 용기(Courage), 노력(Hard work)

02. 우리는 우리 가정에 번영을 가져온다.

03. 우리는 허름한 집에 살지 않는다. 우리는 집을 고치고 가능한 한 빠른 시일 안에 새로운 집을 짓도록 노력한다.

04. 우리는 항상 채소를 기른다. 우리는 채소를 충분히 먹고 남는 것은 판매한다.

05. 우리는 식목기에 가능한 한 많은 나무를 심는다.

06. 우리는 가정을 작게 유지한다. 우리는 소비를 최소화한다. 우리는 우리의 건강을 돌본다.

07. 우리는 우리의 아이들을 교육시키고 아이들이 자신의 교육을 위한 소득을 마련하도록 독려한다.

08. 우리는 아이들과 환경을 항상 깨끗하게 유지한다.

09. 우리는 화장실을 만들고 사용한다.

10. 우리는 펌프우물물을 마신다. 만일 없다면 물을 끓이거나 백반을 사용한다.

11. 우리는 아들의 결혼식에 지참금을 받지 않고, 딸의 결혼식에 아무런 지참금도 내지 않는다. 우리는 우리의 센터가 지참금의 저주로부터 우리를 보호하도록 한다. 우리는 조혼(child marriage)을 하지 않는다.

12. 우리는 누구에게도 정의롭지 않은 일을 하지 않고 다른 사람들도 우리에게 불의한 일을 하지 못하게 한다.

13. 우리는 더 많은 수익을 얻기 위해 함께 좀 더 큰 투자를 수행한다.

14. 우리는 항상 서로 돕는다. 우리 중 누가 곤경에 처하더라도 모두 그 사람을 돕는다.

15. 우리는 어느 센터에서 이 원칙들을 어긴 것을 알게 되면, 모두 그 곳에 가서 다시 원칙이 세워지도록 한다.

16. 우리는 집단적으로 모든 사회 활동에 참여한다.

그라민 은행에서 대출을 받기 위해서는 상징적으로 최소한의 가입비를 내고 회원이 되어야 하는데 회원은 동시에 그라민 은행의 주주가 된다. 신규 회원은 100BDT_{한화 1,300원}에 해당하는 그라민 은행의 주식을 구매해야 하고 대출을 받고 상환하는 과정에서 의무적으로 소액의 지분 투자를 하게 되는데 이는 회원들의 주인의식을 고취시키기 위한 조치이다Schreiner 2003. 그라민 은행의 특징은 소액금융 활동을 사회 운동과 연계시킨다는 점인데, 이는 〈표 2-3〉에 잘 나타나 있다. 회원들은 자신과 동료 회원들의 빈곤퇴치 및 사회적 지위 향상을 위해 16개의 사항을 준수할 의무를 진다. 이에는 경제적으로 빈곤을 탈출하고 사회적으로 협동 단결을 통해 부적절한 적폐를 쇄신하며, 보건과 위생 관념을 높여 건강을 증진하는 등 다각적인 사회운동 철학이 제시되고 있다.

그라민 은행은 소액금융 활동을 효과적으로 운영하기 위해 5명으로 구성된 공동책임집단Joint Liability Group; JLG을 활용한다. 각 회원은 그룹에 속해야 하며, 대출은 이 그룹에게 지원된다. 그룹의 회원들은 대출에 대해 연대책임을 지기 때문에 자연스레 동료들 사이의 견제가 이루어지고 자금회수가 용이해진다. 각 그룹은 유대감을 높이기 위해 매주 모여 회의를 진행하는데, 필요한 사항들을 자율적으로 정해 실천에 옮긴다. 그룹의 상위 조직으로 센터가 있는데 통상 40명으로 구성된다. 이러한 모델을 통해 차입자의 선별, 우수 회원의 선정, 자금에 대한 접근성 차단, 자금 회수 등과 관련한 문제들이 상당한 자율성을 가지면서 운영되도록 하고 있다.

〈표 2-2〉에서 보는 바와 같이 2018년 1월 현재 138만 개 정도의 그룹과 14만 개 정도의 센터가 존재한다. 각 센터는 상위 조직인 마을에 속하게 되고, 마을은 다시 지점에 속하게 되는데 2018년 1월 현재 방글라데시 전역에 8만 1,401개의 마을, 2,568개의 지점이 설립되어 운영되고 있다.

한편 이러한 모든 활동의 성과를 평가하기 위해 그라민 은행의 직원들은 매년 빈곤퇴치 상황을 지속적으로 관리 감독하고 있는데 그 기준이 〈표 2-4〉에 나타나 있다. 10개의 지표10 Indicators는 빈곤퇴치뿐만 아니라 포괄적으로 경제, 사회, 보건 등 다각도의 변화를 적시하고 있는데, 이러한 기준을 만족시키는 경우 해당 가정은 빈곤에서 탈출한 것으로 간주된다.

표 2-4 10개 지표 (10 Indicators)

01. 회원이 최소 25,000BDT한화 약 30만 원 이상의 가치가 나가는 집 또는 지붕이 주석으로 된 집에서 살고, 모든 식구가 바닥이 아닌 침상에서 잔다.
02. 식구들이 펌프로 정수된 물, 끓인 물이나 백반으로 살균한 물, 비소가 없고 정수 약이나 필터로 걸러진 물을 마신다.
03. 6세 이상의 아이들은 모두 학교에 가고 초등학교를 졸업한다.
04. 차입한 돈의 주간 상환액이 200BDT 이상이다.
05. 가족들이 화장실을 사용한다.
06. 모든 주간 활동을 위해 식구들이 적절한 옷을 입고, 겨울에는 숄, 스웨터, 담요 등 방한용 옷을 입으며, 모기장을 사용한다.
07. 가족이 추가적으로 돈이 필요할 때 기댈 수 있는 채소밭, 유실수 등 추가 소득원이 있다.
08. 예금계좌에 연평균 5,000BDT의 잔고가 있다.
09. 어떤 식구라도 일 년 중 하루도 세 끼를 먹지 못하여 배고픈 적이 없다.
10. 식구들이 건강관리를 한다. 식구가 아픈 경우 필요한 조치를 취할 수 있는 능력이 있다.

그라민 은행의 실적은 〈표 2-2〉에 잘 나타나 있다. 2018년 1월 현재 상황을 보이고 있는데 설립 후 총 대출금은 1조 6,762억BDT한화 약 22조 8,259억 원이고, 총 상환금은 1조 5,295BDT한화 19조 9,159억 원으로 어마어마한 자금으로 빈곤퇴치에 공헌했음을 알 수 있다. 더욱 놀라운 것은 상환율이 통상 95% 이상이고, 2018년 1월 현재 99.2%를 기록하고 있다는 것이다.

현재의 대출금 대비 예수금 비율이 141%로 예수금이 대출금보다 상당히 많아 매우 안정적으로 운영되고 있음을 알 수 있다. 소액금융 활동으로 인한 사회의 변화상을 보면 180만 대 이상의 전화가 놓여졌고, 약 72만 채 정도의 집이 지어졌다. 빈곤을 벗어나기 위해서는 교육이 매우 중요한데 여학생 약 1만 3,000명, 남학생 약 4만 1,000명 정도가 교육을 위한 대출을 받았다. 장학금 수혜자 수를 보면 여학생 약 15만 5,500명, 남학생 10만 5,600명으로 총 26만 1,000명 정도가 수혜를 받았다. 이러한 교육에 대한 지원으로 말미암아 빈곤한 가정의 자녀들이 교육을 받을 수 있고, 특히 고등교육을 받음으로써 빈곤의 대물림으로부터 탈출이 가능하게 되었다.

스캇 해리슨(Scott Harrison)

해리슨은 4살 때 에너지 효율을 높이도록 설계된 새로운 주택에 설치된 난로의 깨진 틈으로부터 새어나온 일산화탄소에 어머니가 중독되는 불행을 맞이한다. 이로 인해 어머니는 면역체계가 파괴되어 몸을 움직일 수 없게 되고, 어린 해리슨은 힘겹게 엄마와 집안을 돌보며 성장한다.

18세에 뉴욕 대학에 입학하여 1998년 커뮤니케이션 전공 학사로 졸업하였으나 성실한 학생은 아니었고 맨하탄에서 나이트클럽과 파티 프로모터로 일하기 시작했다. 해리슨은 이후 10년간을 MTV, VH1, Bacardi, Elle 등을 위한 사치스런 파티를 홍보하며 생활한다. 이 시기에 그는 모델들을 쫓아다니고, 뉴욕시의 엘리트들과 어울리며, 코카인이나 엑스터시 같은 불법 마약에 빠져 지냈다.

그러던 그가 28세에 우루과이에서 휴가를 지내는 동안 양심의 위기crisis of conscience를 맞는다. 그는 자신의 직장과 삶에 대한 어떤 깨달음을 얻었다. 그는 이기심과 파멸을 팔고 있었고, 가장 이기적이고, 아첨하며, 비참한 인간이었다. 그야말로 해리슨은 자신이 아는 한 가장 추한 인간이었다고 회상한다. 그 후

사람을 위한 금융

2004년 8월 해리슨은 그의 직업을 떠나 기독교 자선 봉사선Christian Charity Mercy Ships의 사진 언론인으로 자원했다.

기독교 자선 봉사선은 무료 건강 돌봄을 제공하는 병원선단을 운영하고 있었는데, 그는 서아프리카의 지옥정복도Anastasis라는 배에 승선하여 13개월 동안 60,000장의 사진을 찍었다. 이 첫 번째 봉사선Mercy Ships 여행 동안 해리슨은 그의 어머니가 기적적으로 병에서 완쾌되었다는 소식을 듣게 된다. 그는 미래에 결국 어머니가 병으로부터 치유될 것이라는 믿음을 붙들고 삶을 살아갈 수 있도록 해준 기독교 신앙심 때문에 어머니가 치유되었다고 생각한다.

봉사선에서 일한 2년 동안 해리슨은 라이베리아Liberia의 지독한 빈곤 상태와 비참한 질병들을 접하게 되었다. 질식시킬 정도로 엄청나게 큰 종양, 언청이, 수인성 박테리아가 파먹은 얼굴 등. 그러면서 그는 모든 병의 80%가 불안정한 물과 불결한 위생 시설 때문이라는 것을 깨달았다. 이후 그는 봉사하는 인생을 살기로 결심하게 되었고 깨끗한 물이 없다는 것이 가난한 사람들의 가장 큰 장애 요인이라고 판단하였다.

해리슨은 2006년 9월 7일, 그의 서른한 번째 생일 밤 'charity: water'를 창립한다. 그는 아직 문을 열기 전인 Tenjune 나이트클럽의 파티에 참석하는 친구들에게 한 잔을 덜 마시는 대신 $20를 내도록 했다. 그가 서아프리카에서 봉사활동을 할 때 단돈 $20가 있으면 가난한 주민들에게 깨끗한 물을 공급할 수 있었기 때문이다. 그날 밤 해리슨은 $15,000를 조달하여 북부 우간다의 난민 캠프에 있는 세 개의 우물을 고치고, 세 개의 우물을 추가로 설치하였다.

이렇게 시작된 'charity: water'는 깨끗하고 안전한 물을 개발도상국의 사람들에게 공급하는 비영리 조직이다. 모든 공공 기부를 우물을 설치하거나 위생시설을 설치하는 등 물 관련 프로젝트에 직접적으로 지원하는 데 사용한다. 이 조직은 2020년까지 1억 명의 사람들에게 깨끗한 물을 공급한다는 목표를 가지고 있다.

Evans, Amy, Scott Harrison: Finding Meaning in Philanthropy, Mother Nature Network, 2018-03-17.

사람을
위한 금융

제3장

크라우드펀딩
(Crowdfunding)

제3장

크라우드펀딩
(Crowdfunding)

크라우드펀딩은 우리나라에서도 소액투자자금 모집을 통한 창업 활성화 차원에서 법이 만들어졌고, 이미 이를 통하여 자금을 조달한 사례가 다수 나오고 있어 향후 발전 가능성이 매우 높은 자금조달 방식이다. 크라우드펀딩은 그 자체가 꼭 공익적 목적을 위한 것은 아니나 이를 공익적 목적으로 활용한다면 아이디어의 혁신성이나 비즈니스 모델 디자인에 따라 상당한 성과를 거둘 수 있을 것으로 예상되는데, 이미 국내외적으로 많은 사례가 축적되고 있다.

1. 크라우드펀딩이란?

크라우드펀딩Crowdfunding은 많은 사람 또는 대중을 뜻하는 크라우드Crowd와 자금조달을 의미하는 펀딩Funding의 합성어이다. 다수의 대중이 흥미 있는 사업 아이디어나 소규모 프로젝트에 대해 각자 소액을 투자함으로써, 해당 프로젝트를 제시한 사업가는 필요한 자금을 조달하고 일반 대중은 소액이기 때문에 크지 않은 위험을 부담하면서 관심 있는 사업에 투자를 할 수 있게 된다. 특히 크라우드펀딩은 다수의 사람들로부터 사업자금을 조달하기 위하여 사업 아이디어를 가진 사람이 소셜미디어Social Media나 인터넷Internet 등을 활용하는데, 이 때문에 미국에서는 크라우드펀딩을 '온라인 공동체Online Community를 이용하여 개인들로부터 소규모의 후원이나 투자자금을 모으는 것'http:// definitions.uslegal.com이라고 정의하고 있다. 즉, 수행하고자 하는 프로젝트를 다수의 사람들에게 알리면 해당 프로젝트의 성공가능성, 사회적 문제 해결가능성, 생산되는 상품이나 서비스의 매력도 등에 동의하는 다수의 일반인들이 십시일반 돈을 모아 사업자금을 대는 것이다. 사업에 대한 정보 제공이나 홍보가 SNS를 통해 이루어지는 경우가 많아 소셜 펀딩Social Funding이라고도 불린다. SNS를 활용하기 때문에 정보의 확산이 신속하게 이루어지고 가능성이 높은 사업의 경우 단기간에 사업자금을 마련할 수 있다.

2. 크라우드펀딩의 역사

다수로부터 소액의 자금을 십시일반 조달하여 소정의 사업을 추진한다는 크라우드펀딩 개념 자체는 쉽게 생각할 수 있는 것이어서 이미 오래 전부터 이러한 형태의 자금조달이 이루어졌다.

중세 유럽에서는 모차르트나 베토벤 같은 음악가들이 창작 비용을 마련하기 위하여 콘서트 표와 악보를 다수의 후원자들에게 미리 판매한 사례가 있다이경원 2016. 미국 뉴욕시의 맨하탄에 있는 자유의 여신상은 미국과 프랑스 국민들의 소액 기부로 제작 자금의 상당 부분이 마련되었다Clarkson 2015.

크라우드펀딩은 그 속성상 다수의 소액 투자자들에게 프로젝트의 목적, 의의, 속성, 예상 결과, 투자자들이 받을 이익 등을 알려야 하는데 이를 가능하게 해준 것이 소셜 미디어의 발달과 이로 인한 소셜 네트워킹Social Networking 및 마케팅의 확장이다. 이러한 소셜 미디어나 인터넷을 활용한 근대적 의미의 크라우드펀딩은 대체로 20세기 후반부터 시작되었다고 평가된다. 1997년 영국의 록그룹Rock Group인 마릴리온Marillion의 미국 팬들은 이 록그룹의 미국 공연을 위하여 인터넷 캠페인을 벌인 결과 6만 달러를 조달할 수 있었다Preston 2014.

이후 크라우드펀딩은 음악과 영화 산업에서 제작비의 일부를 조달하기 위하여 흔히 활용되었는데, 한국에서도 2000년대 초 네티즌 펀드라는 형식으로 '반칙왕', '공동경비구역 JSA', '친구' 등의 영화가 크라우드펀딩으로 필요 자금의 일부를 조달하였고, 2016년에는 '인천상륙작전', '판도라' 등의 영화가 크라우드펀딩을 활용하여 성공을 거둔 바 있다용환진 2016. 이러한 영향으로 크라우드펀딩이 주로 문화, 예술 분야에서 활용되어 왔으나 최근에는 시민 의식의 고양으로 인해 다양한 분야와 대상으로 그 활용 범위가 넓어지면서 사회적 문제를 해결하기 위한 사회적 모금의 형태로 발전하였다.

현재는, 공연, 음악, 영화 등 문화 예술 분야, 교육과 환경 분야, 제3세계 빈곤퇴치, 사회적 약자 및 소수자 지원 등 공익 분야, 그리고 상업적 이윤을 추구하는 사업 분야 등 다양한 방면에서 크라우드펀딩이 활용되고 있으며, 향후 그 활용도가 점점 더 높아질 전망이다.

3. 크라우드펀딩의 유형

1) 창업 투자형

사회적 문제를 해결하기 위하여 창업을 하려는 사회적 기업가는 사업 아이디어는 있으나 이를 구체화할 자금이 없고, 자금을 가진 사람들은 투자할 좋은 대상을 잘 알지 못한다. 투자할 대안을 확인했다 할지라도 신생기업이나 새로운 사업은 사업의 성공가능성을 제대로 파악하기 어렵기 때문에 자금을 투입하기가 쉽지 않다. 이 경우 신생 창업 기업에 대한 나름대로의 경험과 위험 파악 능력이 있는 전문 투자자 집단이 이러한 빈 곳을 채우게 되는데, 이들을 에인절Angel 투자자라고 한다.

그러나 상당수의 기업, 특히 사회적 기업이나 프로젝트들은 정보의 비대칭성이 너무 높아 이러한 에인절 투자자들의 투자대상도 되지 못하는 경우가 많은데, 이 경우 에인절투자형 크라우드펀딩이 그 해결방안의 하나가 될 수 있다. 이는 인터넷을 통해 아이디어는 있지만 자금이 없어 사업을 시작하지 못하는 사회적 사업가와 큰돈은 없지만 가능성 있는 사회적 프로젝트에 투자하고자 하는 다수의 사람들을 연결시켜 주는 기제이다. 이렇게 되면 과거에는 주로 에인절 투자자로 불리는 전문가 집단이 자금을 공급하던 분야에 비전문가도 소액으로 초기 사회적 기업에 대한 투자가 가능하게 된다. 소액의 자금을 투자하기 때문에 신생 기업이나 사업과 관련된 높은 위험도를 피해갈 수 있는 방법이 되는 것이다.

한편, 소자본 사회적 기업가나 창업자들은 과거에는 전문 투자자들이 관심을 보이지 않아 자본조달이 어려웠으나 에인절투자형 크라우드펀딩으로 인해 다수의 사람들로부터 조금씩 자금을 조달받아 사업을 수행할 수 있게 된다. 더 나아가 크라우드펀딩은 사회적 기업들이 지속 가능한 경영 전략을 짜는 데도 도움을 줄 수 있다. 우리나라는 현재 사회적기업의 대부분이 정부의 지원을 받지 못하면 지속적 운영이 어렵다. 한국의 사회적기업은 2007년 사회적 기업 육성법 제정 이후 2017년 10월 현재 그 수가 1,713개로 증가하였다. 하지만 많은 사회적 기업들이 지나치게 정부의 지원에 기대는 한계를 벗어나지 못해 예산 문제로 인한 인증 탈락과 폐업의 악순환이 반복되고 있다. 이런 상황에서 사회적기업가들은 크라우드펀딩을 통한 자금조달을 시도함으로써 정부에 의존하는 형태를 탈피하여 지속 가능한 영업의 가능성을 만들 수 있다.

또한 크라우드펀딩은 창업자에게 자신의 사업 구상이 사람들에게 어떻게 받아들여지는지, 사업성은 있는지 파악할 기회를 제공한다. 예를 들어, iPod-Nano용 시곗줄로 크라우드펀딩을 받아 성공한 Scott Wilson은 투자에 대한 보상으로 투자 금액별로 제품을 차등 지급하였는데, 이렇게 함으로써 제품에 따른 수요를 예측할 수 있었다. 크라우드펀딩은 여러 사람들의 의견이 반영되어 자금이 조달되기 때문에 펀딩에 성공한다면 일단 사업의 성공가능성이 있을 것이라는 확신을 가질 수 있다. 그러므로 크라우드펀딩에 성공한 기업은 전문 벤처투자자에게도 매력적인 투자대상이 될 수 있다. 사업성도 겸비하는 경우 투자자들의 요구수익률을 만족시킴으로써 더 많은 사업자금을 조달하여 공공성을 더 높게 달성할 수 있게 된다.

2) 자활지원형

자활지원형 크라우드펀딩은 생활이 어려운 개인이 인터넷에 자신의 사업 구상을 올리면 자금에 여유가 있는 다수의 사람들이 소액으로 이러한 개인에게 투자함으로써 생활이 어려운 개인의 자활을 돕는 방식이다. 즉, 자금이 있는 사람과 자금이 필요한 사람을 직접 연결하는 방식인데 온라인소액대출online microcredit과 P2P 금융peer to peer finance이 이에 해당한다. 이때 자금조달자는 인터넷을 통해 다수의 크라우드펀딩 투자자와 소통하게 되는데 장기적으로 지속 가능하게 사업을 영위하기 위해서는 진실성과 신뢰성을 갖추도록 노력하여야 한다.

자활지원형 크라우드펀딩은 다양한 방식으로 운영 가능하다. 우선 온라인으로 자금의 수요자와 공급자를 연결하므로 운영비를 절감할 수 있다. 이러한 이점으로 인해 투자자는 은행보다 높은 금리를 얻을 수 있고 대출자는 사금융보다 낮은 이자로 자금을 조달할 수 있다. 특히 자활지원형은 사회적 투자자와 연계되는 경우 자금의 조달자가 아주 낮은 금리로 대출을 받을 수 있는 길이 열린다. 미국의 비영리기관인 KIVA가 그 대표적 예이다. 생활이 어려운 사람들이 인터넷에 사연을 올리면 이를 보고 사회적 투자자들이 대가 없이 또는 아주 낮은 대출 금리로 소액의 신용대출을 한다. 이로 인해 가난한 사람들은 자활의 기회를 가질 수 있고, 또한 온라인상에서 크라우드펀딩 형태로 대출을 받고 성실히 상환하는 실적을 쌓으면 일정 수준 이상의 신용회복이 가능해지고, 따라서 제도권 금융기관에 대한 접근도 가능하게 된다.

3) 공익후원형

공익후원형은 사회적 목적의 사업을 수행하고자 하는 모금자가 〈그림 3-1〉과 같이 온라인상에 사업의 취지 및 수행 방법 등의 정보를 올리면 이러한 모금자의 취지에 동감하는 다수의 후원자들이 금전적 이익을 바라지 않고 자금을 기부하는 것이다. 이 경우 후원자들이 자발적으로 인터넷이나 SNS를 통해 해당 프로젝트를 홍보하고 다른 사람들의 참여를 유도하는 경우가 많으므로 필요한 자금을 조달하면서도 사업에 대한 홍보도 할 수 있는 일석이조의 효과를 얻을 수 있다. 이런 이유로 다른 방법으로 자금 조달이 가능한 사업들도 해당 사업에 대한 홍보를 위해 비용의 일부를 크라우드펀딩으로 조달하기도 한다.

📷 그림 3-1 온라인 사업 취지 설명

WT 함께일하는재단

함께일하는재단(Work Together Foundation)은
'실업극복' 및 '함께 일하는 사회'를 위해 10년간 한 길을 달려온 공익재단입니다.
국내외 사회적기업 지원을 위해 애쓰며,
혁신적인 해외 사회적기업에 임팩트 투자를 진행하고 있습니다.

106% 5,300,000원 성공

벌꿀이 가져다 준 케냐의 새바람, Honey Care Africa

해외 사회적기업 중 성공 가능성이 높은 4개 기업에 대해 함께일하는재단의 임팩트 투자를 더해, 크라우드펀딩으로 더 많은 사람들의 손길과 응원을 제공하고자 합니다. 그 4개 기업 중 하나, 케냐 나이로비의 Honey Care Africa(HCA)를 소개합니다.

성공했습니다!
지속적인 관심 가져주세요

2% 90,000원 종료

해조류 양식에 종사하는 탄자니아 여성의 미래, Seaweed

해외 사회적기업 중 성공 가능성이 높은 4개 기업에 대해 함께일하는재단의 임팩트 투자를 더해, 크라우드펀딩으로 더 많은 사람들의 손길과 응원을 제공하고자 합니다. 그 4개 기업 중 하나, 탄자니아의 Seaweed Center(SC)를 소개합니다!

2% 81,000원 종료

남아공 실업 청년들을 위한 새로운 기회, IOG

해외 사회적기업 중 성공 가능성이 높은 4개 기업에 대해 함께일하는재단의 임팩트 투자를 더해, 크라우드펀딩으로 더 많은 사람들의 손길과 응원을 제공하고자 합니다. 그 4개 기업 중 하나, 남아프리카 공화국의 Masharisi Institute(MI) and

공익후원형 크라우드펀딩이 성공하기 위해서는 자금조달자와 제공자 사이에 깊은 신뢰관계가 쌓여야 한다. 그리고 공익적 사업에 대한 후원을 하는 투자자 네트워크가 강력한 후원자이면서 사업의 효과를

배가시키기 위한 조언자 역할을 한다. 따라서 자금 조달자는 성실히 사회적 사업을 수행한다는 평판을 유지하기 위해 노력해야 하며, 이를 위해서는 자금 제공자의 의견을 적극적으로 경청하고 이들과의 소통을 원활히 함으로써 사업의 투명성을 확보하고 이들의 건설적 의견이 사업 수행에 반영되어 효과가 배가되도록 하여야 한다.

4. 크라우드펀딩 현황

1) 국제적 현황

크라우드펀딩은 프로젝트를 수행하고자 하는 사람에게는 자금조달의 창구가 되고, 투자자들에게는 소액의 투자를 통해 자신이 관심 있는 사업이 성공하도록 하거나, 자신이 중요하다고 생각하는 사회적 가치를 증진시키는 데 일조할 수 있기 때문에 매년 그 활용도가 높아지고 있다.

📑 표 3-1　전 세계 크라우드펀딩 현황

(단위: 백만 달러)

구분	전 세계	아시아*	북미	유럽	아프리카와 중동	호주	남미
2017 시장규모	7,230	5,606	964	436	156	46	21
구성비 (%)	100.0	77.5	13.3	6.0	2.2	0.6	0.3
2017~2021 연평균 성장률 (%)	27.3	31.2	9.1	10.8	12.4	6	10.9
2021 시장규모	18,967	16,605	1,367	657	248	58	32
구성비 (%)	100.0	87.5	7.2	3.5	1.3	0.3	0.2
평균 조달규모 (2017)	992.7	823.3	5,180.6	3,628.4	1,147.7	5,327.5	914.8

자료: Statista, https://www.statista.com/outlook/335/100/crowdfunding/worldwide
* 중국의 시장규모가 5,505백만.

〈표 3-1〉은 전 세계 크라우드펀딩 현황을 보이고 있다. 2017년 현재 전 세계 크라우드펀딩 시장규모는 72억 3천만 달러에 달하는데 원화로는 8조 원 정도에 해당한다. 이 중 아시아 지역의 크라우드펀딩 규모가 56억 달러로 전체의 대부분인 77.5%를 차지하는데 이는 중국의 55억 달러가 포함되어 있는 수치이다. 다음으로 북미가 10억 달러가 약간 안 되는 규모로 전체의 13.3%를 차지하고 있고 그 뒤를 유럽과 아프리카가 잇고 있다. 호주와 남미의 규모는 아직 매우 미미한 것으로 보인다.

연평균 시장성장률 예상치를 보면 전 세계 크라우드펀딩 시장규모가 매년 평균 27.3%로 성장하여 2021년에는 190억 달러에 이를 것으로 예상된다. 이러한 급격한 상승에 아시아가 절대적 역할을 할 것으로 기대되는데 연평균 31.2%로 성장하여 전 세계 크라우드펀딩 규모의 87.5%를 점할 것으로 예측된다. 사업 1건당 조달규모 면에서는 선진 경제가 많이 포진하고 있는 북미, 호주, 유럽이 3,600달러에서 5,400달러 범위의 펀딩이 이루어지고 있다. 평균 조달규모면에서 아시아는 823.3달러로 가장 낮은 수치를 보이고 있는데 어떤 측면에서는 많은 사람들이 사회적 문제를 해결하기 위한 소규모 사업에 소액을 투자한다는 크라우드펀딩의 취지를 가장 잘 살리고 있다고 볼 수 있다.

〈표 3-2〉는 국가별 크라우드펀딩 규모를 보이고 있다. 중국이 55억 달러로 압도적으로 규모가 커서 전 세계 크라우드펀딩 규모의 76.1%를 차지하고 있다. 다음으로 미국이 9억 5,900만 달러로 13.3%의 비중을 차지하고 그 이후로는 영국, 프랑스, 일본, 호주, 독일 등의 순으로 크라우드펀딩 규모가 크지만 중국과 미국에 비하면 매우 적은 수치이다. 2021년의 예상치로 볼 때도 중국이 압도적이어서 전 세계 크라우드펀딩 규모의 86.5%를 차지할 것으로 관측된다. 그러나 건당 평균 조

달규모로 볼 때는 역시 여타 선진국들에 비해 매우 적은 규모의 자금
조달이 이루어지고 있다.

📋 표 3-2 국가별 크라우드펀딩 규모

(단위: 백만 달러)

구분	중국	미국	영국	프랑스	일본	호주	독일
2017 시장규모	5,505	959	138	88	81	46	34
구성비 (%)	76.1	13.3	1.9	1.2	1.1	0.6	0.5
2017~2021 연평균 성장률 (%)	31.4	9.1	12.0	7.2	16.3	6.0	6.6
2021 시장규모	16,414	1,360	218	116	148	58	44
구성비 (%)	86.5	7.2	1.1	0.6	0.8	0.3	0.2
평균 조달규모 (2017)	816.7	5,186.1	4,002.1	3,815.4	3,402.7	5,327.5	4,146.6

자료: Statista, https://www.statista.com/outlook/335/100/crowdfunding/worldwide

2) 한국

〈표 3-3〉은 크라우드펀딩이 시작된 2016년 1월 이후 2017년 6월 말
까지의 산업 분야별 크라우드펀딩의 건수를 보이고 있다. 기업 수로는
197개 기업, 건수로는 207건이 자금조달에 성공하였는데 금액으로는
약 295억 원이 조달되었다. 업종별로 보면 제조업이 60건, IT/모바일
업종이 52건으로 전체의 54%를 차지하고 있고, 다음으로는 영화 등 문
화콘텐츠 산업이 39건으로 19%를 차지하고 있다. 〈그림 3-2〉는 자금
조달에 성공한 기업들의 업력별 현황을 보이고 있다. 평균 업력은 3년
3개월인데, 업력이 1~2년인 기업이 42건[23%]으로 가장 많고, 다음으로
2~3년인 기업이 39건[21%]으로 그 뒤를 따르고 있다. 전체적으로 업력이
3년 미만인 기업이 109건[59.5%]으로 크라우드펀딩이 창업기업의 자금
조달 수단으로 중요한 역할을 하고 있음을 알 수 있다.

표 3-3 산업 분야별 크라우드펀딩 건수

(단위: 건수, 억 원)

구분	제조	IT/모바일	문화	농식품	교육	에너지	부동산	기타 (음식·광고 등)	계 또는 평균
건수	60	52	39	8	12	4	4	28	207
금액	96	60.9	59.6	21.9	11.5	8.4	4	31.4	295
평균	1.6	1.2	1.5	2.7	1	2.1	1	1.1	1.53

2016.1.25.~2017.6.30. 기준 / 자료: 금융위원회 보도자료, 2017. 7. 7.

그림 3-2 업력별 크라우드펀딩 성공건수

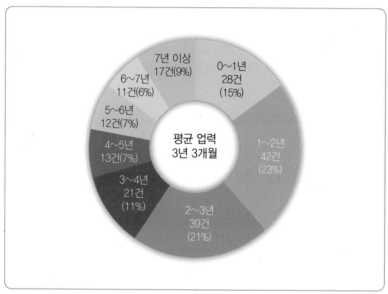

자료: 금융위원회 보도자료, 2017. 7. 7.

〈그림 3-3〉은 모집규모별 성공건수를 보이고 있다. 평균 조달 금액은 1.5억 원인데 2억 원 이하의 소규모 사업이 165건으로 전체의 79.7%를 차지하고 있고, 5억 원 이상의 사업은 6건에 불과하다. 따라서 대부분 크지 않은 사업에 크라우드펀딩이 이루어지고 있음을 알 수 있다.

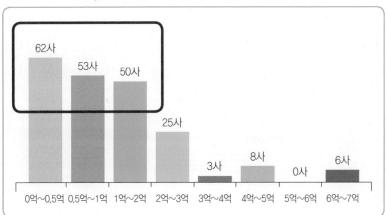

그림 3-3 모집규모별 크라우드펀딩 건수

자료: 금융위원회 보도자료, 2017. 7. 7.

〈표 3-4〉는 크라우드펀딩의 반기별 실적을 보이고 있다. 2017년 상반기에 143개 기업이 펀딩을 시도하여 92건의 자금조달을 성공시켜 월평균 15.3건의 성공건수를 기록하고 있다. 이는 2016년의 월평균 10.5건 대비 45.7% 증가한 수치이다. 동일하게 상반기만 비교한다면 2016년 상반기에는 총 58건, 월평균 11.6건의 자금조달이 성공하여 2017년 상반기에는 전년 동기 대비 31.9% 증가했음을 알 수 있다. 발행금액으로 보면 2017년 상반기에는 120억 원의 자금을 조달하였고, 크라우드펀딩이 시작된 2016년 이후에는 총 294.5억 원의 자금이 조달되었다.

자금조달 성공률 측면에서 보면 2016년 크라우드펀딩이 시작된 이후 평균 52%의 성공률을 보여서 사업제안을 하면 반 이상이 자금조달에 성공하는 것을 알 수 있다. 참고로 미국은 2016년 104건의 자금조달 시도가 있었으나 이 중 33건만 성공하여 32% 성공률을 보였다. 또한 대표적인 크라우드펀딩 사이트인 킥스타터Kickstarter의 경우에도

369,921건의 총 프로젝트에서 실패한 프로젝트가 234,690건으로 자본 조달 목표를 달성한 프로젝트는 35.8%에 불과하다. 실패한 프로젝트 234,690건 가운데 펀딩 목표의 20%도 달성하지 못한 프로젝트가 약 197,614만 건으로 84.2%에 달한다.

📋 표 3-4 반기별 크라우드펀딩 실적

(단위 : 건수, 억 원, 건)

구분	펀딩 시도		펀딩 성공			성공률 (%)
	기업수	청약금액	기업수	청약금액	발행(예정)금액	
소계 (2016 상반기)	122	106.5	58	92.0	88.0	47.5
평균 (2016 상반기)	24.4	21.3	11.6	18.4	17.6	47.5
소계 (2016 하반기)	133	91.8	57	92.4	86.5	42.9
평균 (2016 하반기)	22.2	15.3	9.5	15.4	14.4	42.9
계(2016)	255	198.3	115	184.4	174.5	45.1
평균(2016)	23.2	18.0	10.5	16.8	15.9	45.1
소계 (2017 상반기)	143	136.9	92	130.0	120.0	64.3
평균 (2017 상반기)	23.8	22.8	15.3	21.7	20.0	64.3
총계	398	335.2	207	314.4	294.5	52.0
(월평균)	23	19.7	12	18.5	17.3	52.2

자료: 금융위원회 보도자료, 2017. 7. 7.

미국의 이러한 상황과 비교하면 한국의 자금조달 실적은 상당히 양호한 것으로 평가할 수 있다. 더구나 성공률이 상승하는 추세를 보이고 있어 매우 고무적이다. 즉, 2017년 상반기 성공률이 64.3%로 2016년 성공률 45.1% 대비 19.2% 증가한 수치를 보이고 있다. 성공률은 자금조달을 시도한 건수 대비 성공한 비율을 나타내는 것인데 자금조달 시도 건수가 2016년 월평균 23.2건, 2017년 상반기 월평균 23.8건으로 안정적이기 때문에 성공률 증가는 직접적으로 성공건수의 증가를 의미한다. 그러나 성공률이 높다고 하여 꼭 좋은 것은 아닐 수도 있다. 크라우드펀딩에 참여할 수 있는 기업의 요건을 엄격하게 제한하여 규제를 완화하는 경우 좀 더 많은 사회적 사업가들이 펀딩에 참여할 수 있는 기회를 박탈하고 있다는 의미도 될 수 있다.

📑 표 3-5 유형별 크라우드펀딩 투자 현황

(단위 : 백만 원, 명)

일반투자자			소득적격투자자			전문투자자 등		
금액	인원	평균(한도)	금액	인원	평균(한도)	금액	인원	평균(한도)
13,622 (46%)	12,415 (94%)	1.10 (2.00)	1,930 (7%)	357 (3%)	5.41 (10.00)	13,877 (47%)	449 (3%)	30.91 (없음)

2016.1.25. ~ 2017.6.30. 기준 / 자료: 금융위원회 보도자료, 2017. 7. 7.

〈표 3-5〉는 크라우드펀딩에 참여한 투자자의 유형과 규모를 보이고 있다. 2016년 초부터 2017년 상반기까지 13,221명의 투자자들이 크라우드펀딩에 참여했는데, 이 중 일반투자자의 수가 12,415명으로 전체 인원수의 94%를 차지하여 크라우드펀딩에는 일반투자자의 역할이 압도적임을 알 수 있다. 소득적격투자자는 357명, 전문투자자는 449명으로 전체 인원 대비 3% 정도를 차지하고 있다. 금액기준으로 볼 때는 일반투자자들이 투자한 금액이 136.2억으로 전체 조달금액의 46%를 차지하고 있는데 이는 전문투자자들로부터 조달한 금액인 138.7억 원보다 약간 낮은 수준이다. 참고로 전문투자자들에게는 투자한도가 없는 반면에, 투자자 보호를 위해 일반투자자와 소득적격투자자에게는 투자한도가 존재한다. 일반투자자들의 투자한도는 200만 원이고 소득적격투자자의 투자한도는 1천만 원이다. 동 기간 중 일반투자자들의

평균 투자액은 110만 원이고 소득적격투자자의 투자액은 541만 원이다. 전문투자자는 3,091만 원의 평균을 보이고 있다.

〈표 3-6〉은 투자 액수별 투자자 분포를 보이고 있다. 시행 초기에는 150~200만 원을 투자하는 사람들의 비율이 57%로 절반을 훌쩍 넘었으나, 비율상으로 볼 때 점차 감소하여 2017년 상반기에는 27% 정도 수준을 유지하고 있다. 그러나 동 기간 50만 원 미만의 소액투자자들의 수는 급격히 증가하여 2016년 상반기에는 전체의 18%에 불과하던 것이 2017년 상반기에는 거의 절반에 가까운 투자자들이 50만 원 이하의 소액을 투자하는 것으로 나타났다. 2017 상반기 기준으로 볼 때 2/3 이상의 인원이 100만 원 이하의 소액을 투자하고 있다. 인원수로 볼 때에는 모든 투자 액수 구간에서 투자자들의 수가 증가한 것을 볼 수 있다. 이는 크라우드펀딩에 대한 이해가 점차 높아지고 있기 때문인 것으로 해석할 수 있다.

📋 표 3-6 투자 액수별 투자자 분포

(단위: 명)

구분	~ 50만 원		50~100만 원		100~150만 원		150~200만 원	
	투자자수	비율	투자자수	비율	투자자수	비율	투자자수	비율
2016.상	439	18%	491	20%	118	5%	1,392	57%
2016.하	961	29%	536	16%	181	6%	1,593	49%
2017.상	3,298	49%	1,363	20%	223	3%	1,820	27%
계	4,698	38%	2,390	19%	522	4%	4,805	39%

2016.1.25.~2017.6.30. 기준 / 자료: 금융위원회 보도자료, 2017. 7. 7.

〈표 3-7〉은 연령별 투자자의 분포를 보이고 있다. 전체적으로 30대, 40대, 20대의 순으로 투자자의 수가 분포되어 있고, 50대 이상의 수는 12%에 불과하다. 이는 크라우드펀딩이 소셜 네트워크와 정보통신 기술에 상당 부분 의존하기 때문에 50대 이상의 투자자들이 이에 대한

사람을 위한 금융

접근성이 낮기 때문인 것으로 보인다. 2017년 상반기에는 30대와 20대 투자자의 수가 괄목할 만한 성장을 이루었는데 20대의 참여가 시행 초기에 비해 6배, 30대는 3배 정도 증가했다.

📋 표 3-7 연령별 투자자 분포

(단위: 명, 법인 제외)

구분	30세 미만		30대		40대		50대		60세 이상	
	투자자 수	비율	투자자 수	비율	투자자 수	비율	투자자 수	비율	투자자 수	비율
2016.상	342	14%	998	41%	728	30%	284	12%	81	3%
2016.하	494	15%	1,266	39%	955	29%	392	12%	153	5%
2017.상	2,067	31%	2,684	40%	1,339	20%	491	7%	114	2%
계	2,903	23%	4,948	40%	3,022	24%	1,167	9%	348	3%

2016.1.25.~2017.6.30. 기준 / 자료: 금융위원회 보도자료, 2017. 7. 7.

〈표 3-8〉은 크라우드펀딩 중개업자 현황을 보이고 있다. 크라우드펀딩 개시 이후 2017년 7월까지 크라우드펀딩 전업 중개업자 9개사, 겸업 중개업자 6개사가 활동하였다. 가장 많은 실적을 보인 업체는 와디즈로 143개의 사업을 시도하여 자금조달에 성공한 사업이 80개로 55.9%의 성공률을 보이고 있다. 전체적으로 자금조달 성공률이 50%를 넘는 양호한 실적을 보이고 있다. 특히, 2016년 6월 이후 등록한 후발업체의 수가 7개사로 전체의 절반을 약간 밑도는 수치이나 이들의 활동 비중이 지속적으로 증가할 것으로 예상된다. 이 중 CROWDY, Funding4u, 유진은 70% 이상의 펀딩 성공률을 보이고 있어 향후 역할이 기대된다. 그러나 이미 문을 닫은 업체도 있어서 2017년 10월 기준으로 금융위원회에 등록된 온라인소액투자중개업자는 14개사이다

iAN, 위비크라우드, Funding4u, KTB증권, 유진투자증권, 키움증권, KOREASSET 크라우드펀딩, IBK투자증권, 오마이컴퍼니, 유캔스타트, yinc, 오픈트레이드, 와디즈, CROWDY.

📋 표 3-8 크라우드펀딩 중개업자 현황

전업 중개업자				
업체명	등록일	추진	성공	성공률
와디즈	1. 25.	143	80	55.9
오픈트레이드	1. 25.	67	27	40.3
유캔스타트	1. 25.	9	2	22.2
yinc	1. 25.	18	9	50.0
위리치펀딩 * 등록취소(11.17)	1. 25.	4	2	50.0
오마이컴퍼니	3. 17.	39	21	53.8
CROWDY	6. 15.	14	11	78.6
Funding4u	7. 28.	12	9	75.0
iAN투자	12. 2.	3	1	33.3
소계(9개)		309	162	52.4
겸업 중개업자(증권사 등)				
업체명	등록일	추진	성공	성공률
IBK	3. 17.	31	16	51.6
코리아에셋	3. 17.	32	15	46.9
유진	6. 15.	10	7	70.0
키움	6. 15.	6	3	50.0
KTB	7. 7.	6	3	50.0
우리종금	9. 29.	4	1	25.0
소계(6개)		89	45	50.6

2016.1.25.~2017.6.30. 기준 / 자료: 금융위원회 보도자료, 2017. 7. 7.

　전체적으로 볼 때, 한국에서의 크라우드펀딩은 초기이기는 하지만 양호하게 진행되는 것으로 판단할 수 있다. 시도한 사업의 절반 이상이 자금조달에 성공하였고, 다수의 대중이 참여하여 소액의 자금을 투자하면서 사회문제를 해결하기 위하여 작지만 다양한 사업에 투자하는 크라우드펀딩 본래의 취지가 살아나고 있다. 207건의 자금조달 성공 사례에 총 13,622명의 투자자가 참여하여 평균적으로 건당 66명의 투자자가 참여하였고, 이 중 일반투자자가 12,415명으로 전체의 94%를 차지하고 있다. 100만 원 이하 소액투자가 전체의 57%를 차지하고, 사업의 규모도 2억 원 이하가 전체의 80%를 차지하고 있다.

5. 크라우드펀딩 사례

1) 에인절 투자형

2010년 미국 시카고 지역의 무명 디자이너인 스캇 윌슨Scott Wilson은 〈그림 3-4〉와 같은 애플사의 MP3 iPod-Nano용 시곗줄을 고안하였으나 자금이 없었다.

📷 그림 3-4 iPod-Nano용 시곗줄

 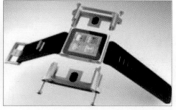

그는 크라우드펀딩 플랫폼platform인 킥스타터Kickstarter를 통해 자금을 조달하기로 하였다. 자금 조달의 효과를 높이기 위하여 투자액에 따라 세 가지로 상품을 차별화하는 방식을 취했는데 $1 이상은 상품출시에 대한 보람을 느끼는 것, $25~70은 금액에 따른 일반 제품 패키지 제공, $150~500 이상은 특별 제작된 제품 세트를 제공하기로 하였다. 사업의 내용이 알려지자 순식간에 13,000명이 참여하여 윌슨은 목표액인 $15,000의 60배인 94만 달러11억 원를 모금하는 데 성공했다.

2) 자활지원형

KIVA의 소액대출은 아프리카의 우간다에 사는 한 여성을 빈곤으로부터 탈출시켰다. 엘리자베스 오말라Elizabeth Omalla는 7명의 아이를 가진 과부였다. 가난에서 벗어나기 위해 2000년에 마을사업펀드Village Enterprise Fund; VEF로부터 $100를 대출받아 채소, 토마토, 양파, 요리 기름 등을 파는 사업을 시작했다. 1년 후에는 VEF가 제공하는 사업 훈련 교육에 참여하여 수익성 있는 사업을 찾는 방법, 마케팅, 장부 정리, 사업 전략 등에 대한 교육을 받았다.

이후 오말라는 생선으로 종목을 변경하는데 그 이유는 우간다에서는 사람들이 비싼 고기보다 저렴한 생선에 의존하기 때문에 생선 장사가 수익성이 좋았기 때문이다. 오말라는 중간상으로부터 6마리의 생선을 구매하여 지나가는 사람들에게 판매하였는데 이로부터의 수익금으로 동물들을 사고 아이들을 학교에 보낼 자금을 마련했다.

이후 오말라는 생선 사업을 확장하기를 원했는데 자금을 마련하기 위하여 2005년 3월 KIVA로부터 $500를 대출받았다. 그녀는 빅토리아 호수Lake Victoria까지 가서 광주리로 물고기를 구입한 후 이를 길에서 팔지 않고 토로도Torodo 지역의 마을 공동시장에서 판매하였다. 우기에는 생선 공급이 많아 가격이 내려가자 생선을 다량으로 구매하여 이를 훈제한 후 이를 중간상에게 판매하였다. 이 사업은 오말라의 인생을 바꾸었다. 가족을 먹이고, 입히고, 교육시킬 수 있게 되었을 뿐 아니라, 사업 수익으로 두 마리의 소와 다섯 마리의 염소를 구매하였다. 한편, 쓰기에도 바쁜 재정 상황에서 탈피하여 저축 계좌를 개설하였고 2005년 11월 현재 32만 우간다 실링약 $130을 저축하여 빈곤탈출을 위한 발판을 마련하였다Flannery 2007.

3) 공익후원형

2010년 당시 7살이었던 영국의 찰리 심슨Charlie Simpson은 아이티의 이재민들에 대한 소식을 듣고 어머니에게 그들을 도울 방법을 물었다. 찰리의 어머니는 'Unicef 자전거 타기 모금 활동'을 찰리에게 알려 주었고, 찰리는 동네 공원을 5마일 달려 500파운드를 모금할 목표를 세우고 자전거를 타기 시작했다.

📷 그림 3-5 Charlie Simpson

불쌍한 아이티 사람들을 위해 어린 꼬마가 자전거를 타면서 후원하고자 한다는 사실이 온라인 기부 사이트인 'JustGiving'에 올라가자 격려의 전화나 메시지와 함께 10~20파운드의 소액 기부가 쇄도하였고, 찰리가 자전거 타기를 마쳤을 때에는 53,000파운드의 거금이 조달되었다. 또한 어린 Charlie의 이야기가 대중매체에 소개되자 수많은 사람들로부터 호응이 이루어져 최종적으로 약 21만 파운드라는 엄청난 액수의 모금이 이루어졌다JustGiving 2018. 처음 목표한 500달러의 400배가 넘는 금액이 모여진 것이다.

또 다른 예로, 2011년 서울발레시어터는 '빅이슈코리아'를 판매하는 노숙인들을 위해 이들과 함께 '호두까기 인형'을 공연하는 기획을 하였다. 빅이슈The Big Issue는 1991년 창간된 대중문화 잡지로 노숙인들에게만 판매 권한을 부여하여 이들의 사회 복귀를 지원하고 있다. 이것의 한국판인 '빅이슈코리아'는 2010년 7월 발간을 시작하였는데 역시 노숙인들에게 일자리를 제공함으로써 이들의 사회 복귀를 돕자는 취지를 공유하고 있다.

서울발레시어터는 한국문화예술위원회의 문화나눔포털을 통하여 무대의상 등 제작 및 공연비의 일부1,000만 원를 크라우드펀딩으로 조달하였다. 이 과정에서 다수의 언론에 동 기획안의 좋은 의도가 알려지게 되어 예정보다 일찍 자금의 모금을 완료할 수 있었고 더불어 행사에 대한 홍보도 효과적으로 할 수 있었다. 특히 5만 원 이상 기부를 한 사람들에게는 공연티켓을 2장 발행하였는데 하나는 기부자가 사용하는 것이고, 다른 하나는 나눔 티켓이다. 나눔 티켓은 홀트아동복지회에 기부되었는데 이를 통하여 기부자들에게 감성적인 만족감을 선사하고 이를 통해 또 다른 기부가 창출될 수 있는 분위기를 조성하였다한국문화예술위원회 2018.

그림 3-6 Charity: Water 활동 국가

2006년 개발도상국에 깨끗한 식수를 제공할 목적으로 'Charity: Water'라는 NGO가 설립되었다. Charity: Water는 설립된 지 4년 만에 2000만 달러를 기부받아 170만 명에게 혜택을 주었고, 현재는 〈그림 3-6〉에 보는 바와 같이 전 세계 24개국에서 활동하고 있다. 이 중 15개 국이 아프리카 국가들인데 물 부족이 가장 심각한 곳이 아프리카 지역이기 때문이다. 2018년 현재 누적 기준으로 24,537개의 사업을 수행했거나 수행 중이고, 7,347,032명의 사람들이 이 단체의 도움을 받았다 Charity:Water 2018.

이 단체의 성공요인은 투명성과 소통에 있다. 사회적 사업은 후원인들과의 신뢰와 이에 근거한 후원인들로부터의 협조가 사업 성공의 관건인데 이 단체는 후원인들과의 관계에 각별히 관심을 씀으로써 괄목할 성과를 달성하였다. 이 단체의 웹사이트에 가면 후원된 자금은 100% 사업에 사용됨을 강조하고 있고, 모든 프로젝트는 사용처를 명확히 하여 후원인들이 자신들의 기부가 어디에 쓰이고 있는지 항상 알 수 있도록 하였다. 또한, 후원인들과의 활발한 의견 교환으로 사업의 성공을 위한 아이디어도 지속적으로 제공받고 있다.

6. 크라우드펀딩의 제도적 지원

크라우드펀딩이 활성화되기 위해서는 다양한 제도적 지원이 뒷받침되어야 한다. 수요 측면에서는 보다 많은 사람들이 크라우드펀딩에 대한 정보를 손쉽게 얻을 수 있도록 해야 하고, 공급 측면에서는 더 많은 기업들이 크라우드펀딩을 통해 자금을 조달할 수 있도록 규제를 완화하고, 행정부담을 줄여주며, 크라우드펀딩 성공 후 기업이 성장 발전할 수 있도록 다양한 지원이 이루어져야 한다. 또한 크라우드펀딩 시장이 독자적 시장으로 건전하게 발전하기 위해서는 시장의 투명성을 강화하고, 시장 참여자 특히 중개업자들의 건전성을 담보하기 위한 조치들이 강구되어야 한다. 기본적으로 크라우드펀딩이 참여자들 사이의 신뢰에 근거해 형성되는 시장이니만큼 투자자 보호를 위한 장치도 마련되어야 한다.

크라우드펀딩에 대한 사회적 수요를 반영하여 한국에서는 창조형 중소기업을 만들기 위한 국정 과제가 설정되었고, 자금조달이 어려운 신생·창업기업 등에 대한 원활한 자금 공급을 위해 기획재정부가 2012년 5월 크라우드펀딩 제도 도입 계획을 발표하였다. 그 후 기획재정부, 중소기업청, 금융위원회 등 관계 부처의 협의를 거쳐 크라우드펀딩의 법제화가 추진되었고, 30대 경제 활성화 법안 중의 하나로 크라우드펀딩법이 국회에 상정되어 통과되었다. 이로 인해 증권형 크라우드펀딩 제도가 2016년 1월 25일부터 시행되어 창업중소기업들이 완화된 규정의 적용을 받으면서 다수의 소액 투자자로부터 자금을 조달할 수 있는 길이 열렸다.

미국에서는 오바마행정부가 신성장기업의 원활한 자금조달을 지원함으로써 고용 확대와 경제 성장을 유도한다는 목적으로 소위 JOBS Jump Start Our Business Startup Act 법을 발의하였는데, 이것이 2012년 4월 5일 최종 승인되었다. JOBS법은 상장규제 완화 등을 통해 신성장기업의 기업공개 활성화를 유도하고, 크라우드펀딩, 사모발행 투자권유 허용 등을 통해 중소기업이 다양하게 자금조달을 할 수 있는 수단을 제공한다. JOBS법으로 인해 신성장기업들은 크라우드펀딩이 허용되어 증권신고서 없이도 다수의 투자자로부터 자금을 조달할 수 있는 길이 열렸다. 다만, 신생 사업의 위험성으로 인해 다수의 소액 투자자들이 손해를 입을 수도 있으므로 연수입 또는 순자산에 따라 투자금액을 제한하는 규정을 두고 있다. 이하에서는 한국과 미국의 제도적 장치를 비교하면서 크라우드펀딩의 발전 방안을 검토한다.

1) 수요 측면

(1) 광고규제 완화

일반적으로 기업이 자금조달을 하는 경우 투자자 보호를 위하여 기업공개 전 특정 홍보 또는 광고 활동이 제약된다. 크라우드펀딩의 경우에는 제도를 활성화하고 수요를 높이기 위해서 이러한 제약이 상당 부분 완화된다.

🇰🇷 한국

자본시장과 금융투자업에 관한 법률자본시장법의 규정제117조의9에 의해 크라우드펀딩 관련 세부내용에 대한 광고는 개별 중개업자의 홈페이지를 통해서만 허용되었다. SNS, 인터넷 포털 등에서는 투자광고가 게시된 인터넷 홈페이지의 주소를 소개하거나 해당 홈페이지에 접속할 수 있는 링크 제공만 가능하였다. 이러한 제약이 2017년 9월 28일에 개정된 자본시장법에서는 온라인소액증권발행인의 홈페이지 또는 포털사이트를 통한 온라인소액투자중개업자·온라인소액증권발행인의 명칭, 온라인소액증권발행인의 업종 및 증권의 청약기간에 대한 광고가 허용되었다.

🇺🇸 미국

미국은 JOBS법 관련 사모발행의 경우 광고에 대한 규제를 완화했다. 즉, 증권매수인이 공인된 투자자accredited investors에 한할 경우에는 사모발행 시 일반인 대상 청약권유general solicitation 및 광고general advertising를 허용한다.

한국의 경우 자본시장법의 규정으로 인해 중개업자의 홈페이지를 방문하지 않는 일반투자자들은 크라우드펀딩에 참여하는 데 한계가 있을 수밖에 없었는데 개정된 자본시장법은 이를 약간 완화한 것이다. 그러나 좀 더 규제를 완화하여 SNS, 인터넷 포털, 멀티미디어 등 다양한 방법을 통한 광고를 허용하여 일반투자자들이 크라우드펀딩 업체명, 기본사업내용, 펀딩기간, 펀딩 중개업체명 등 관련 정보를 보다 쉽게 접할 수 있도록 하는 것이 중요하다. 미국에서는 JOBS법 관련 사모발행 시 광고 규제 완화로 약해질 수 있는 투자자 보호를 위하여 미국 증권거래위원회Securities and Exchange Commission; SEC가 Regulation D의 Rule 506을 개정하였다. 이에 의하면 발행자가 다양한 확인절차에 따라 증권매수인이 공인된 투자자임을 확인하도록 하고 있으며, 이의 판단근거가 되는 문서 등을 관리·보관하도록 하고 있다.

(2) 홍보 강화

크라우드펀딩의 활성화를 위해서는 크라우드펀딩 기업이나 사업에 대한 홍보가 매우 중요하다.

🔵 한국

크라우드펀딩에 대한 투자자들의 참여를 높이기 위해 펀딩 전에 유망기업이나 사업에 대한 온라인 IR 활동을 지원한다. 예를 들어, 2016년 9월부터 한국성장금융사가 유튜브·팟캐스트와 협력하여 토크쇼 등 유망 스타트업 기업에 대한 IR 프로그램을 운영하고 있다.

투자자 풀을 넓히기 위해 외국인 투자자에 대한 홍보도 강화하고 있다. 이와 관련하여 특히 투자등록증 기발급 투자자의 참여가 기대되는데, 2016년 8월 기준 외국인 투자등록증을 발급받은 외국인 수가 약 43,000명에 달한다.

🇺🇸 미국

미국에서도 JOBS법의 효과를 높이기 위하여 신성장기업에 대한 정보 접근성과 홍보 효과를 높이는 방안이 시행 중이다. 일반적으로 미국에서는 IPO 등록신고서 제출 이전에는 청약 권유 행위가 제한되어 있으나, 신성장기업의 인지도가 대체적으로 매우 낮은 점을 고려하여 이에 대한 규제를 완화하여 다음과 같은 활동을 허용한다.

- 기업공개 예정인 신성장기업에 대한 연구보고서 발행
- 애널리스트, 잠재적 투자자, 신성장기업 경영진 사이의 의견 교류
- 신성장기업 및 기업대리인과 적격투자자·기관투자자 사이의 구두·문서 형태의 의견 교류

한국의 경우 소규모 개방경제의 속성상 외국인의 참여가 매우 중요하다. 외국인들이 크라우드펀딩 기업의 정보를 확인할 수 있도록 크라우드넷 영문 페이지 관련 정보를 지속적으로 업데이트해야 한다. 또한 겸업 증권사들은 해당 증권사와 거래하는 외국인 고객들도 많은데 이들을 대상으로 크라우드펀딩 기업이나 사업과 관련된 정보를 제공하면 크라우드펀딩 활성화에 도움이 될 것이다.

(3) 투자자 범위 확대

과도한 투자로부터의 위험을 방지하기 위해 투자자들이 크라우드펀딩에 투자할 수 있는 한도와 기업이 조달할 수 있는 금액의 상한을 정하고 있다. 기업당 모집한도는 연간 7억 원까지이고, 개인당 투자한도는 소득 및 투자전문성에 따라 〈표 3-9〉에 보는 바와 같이 차등을 두고 있다.

표 3-9 개인당 크라우드펀딩 투자한도

한국

2017. 9. 28. 이전

구분	기업당 투자한도	연간 총투자한도
일반투자자	200만 원	500만 원
소득적격투자자[1]	1,000만 원	2,000만 원
전문투자자	투자한도 없음	

[1] 금융소득종합과세 대상자, 사업소득과 근로소득 합계액 1억 원 초과인 자

2017. 9. 28. 이후

구분	기업당 투자한도	연간 총투자한도
일반투자자	500만 원	1,000만 원
소득적격투자자	1,000만 원	2,000만 원
전문투자자	투자한도 없음	

미국

구분	연간 투자한도
연소득(금융자산) < 10만 달러	2,000달러 또는 연소득(금융자산)의 5% 중 큰 금액
연소득(금융자산) ≥ 10만 달러	연소득(금융자산)의 10%이며 최대 10만 달러까지

한국의 일반투자자와 소득적격투자자를 구분하는 기준은 금융소득종합과세 여부, 그리고 사업소득과 근로소득 합계액 1억 원이다. 이는 미국의 10만 달러 기준과 유사하다. 연간 투자한도를 보면, 2017년 9월의 자본시장법 개정 이전에는 한국의 경우 일반투자자의 동일기업 투자한도가 200만 원으로 미국의 연소득 10만 달러 미만인 사람들의 2,000달러와 유사하다. 그러나 이의 증액이 필요하다는 여론이 일자 2017년 9월 자본시장법을 개정하면서 동일기업에 대한 투자한도를 500만 원, 연간 누적 투자한도를 1,000만 원으로 상향조정하였다. 한국과 미국의 평균 국민소득의 차이를 고려할 때 미국이 좀 더 보수적으로 기준을 설정했음을 알 수 있다.

한편 한국에서는 크라우드펀딩을 활성화하기 위하여 투자자의 투자 한도를 유통성 있게 확대 적용한다. 우선, 일반인일지라도 금융전문 자격증을 소지한 금융투자회사 근무자에 대해서는 소득적격투자자와 동일한 수준으로 투자한도를 확대 적용한다. 여기서 금융전문자격증 은 금융투자협회가 주관하는 금융투자분석사Certified Research Analyst; CRA, 투자자산운용사Certified Investment Manager; CIM, 재무위험관리사Certified Financial Risk Manager; CFRM, 증권투자권유자문인력Certified Securities Investment Advisor; CSIA 등의 자격증과 한국금융개발원이 주관하는 국제공인투자 분석사Certified International Investment Analyst; CIIA, 미국 **CFA Institute**가 부여 하는 국제재무분석사Chartered Financial Analyst; CFA 등의 투자관련 자격증 을 의미한다. 이러한 자격증을 소지한 사람으로 금융투자회사에서 투 자권유, 자산운용 분야의 전문인력으로 최소 3년 이상 근무한 경력자 는 크라우드펀딩의 투자한도가 소득적격투자자 수준으로 늘어나 동 일기업당 1,000만 원, 연간 2,000만 원까지 투자할 수 있다.

한편, 전문투자자는 크라우드펀딩에 대한 투자한도가 없는데 이에 는 다음의 기관들이 포함된다.

- 은행, 보험사, 증권사, 저축은행 등의 금융회사
- 연기금, 공제법인, 금융투자상품잔고 100억 원 이상의 국내법인
- **전문가**회계법인, 창투사 등, **투자전문가**개인투자조합, 적격에인절투자자 등 등

크라우드펀딩을 활성화하기 위해 당국은 이 중 적격에인절투자자로 분류되기 위한 창업·벤처기업 투자실적 기준을 완화했다. 과거에는 최근 2년간 1건에 1억 원 또는 2건 이상에 합계 4천만 원 이상 투자를 해야 적격에인절투자자로 분류되었으나, 2017년 2월에 개정된 증권의 발행 및 공시 등에 관한 규정에 의하면 최근 2년 동안 1건에 5천만 원

또는 2건 이상에 합계 2천만 원만 투자하면 적격에인절투자자로 분류된다. 에인절투자협회도 적격에인절투자자 요건을 2016년 3월에 동일한 수준으로 완화한 바 있다. 완화된 기준을 만족시키면 적격에인절투자자로 분류되어 투자한도 없이 크라우드펀딩에 참여할 수 있다.

2) 공급 측면

크라우드펀딩의 공급 측면에서도 크라우드펀딩으로 사회적 및 영리적 목적을 달성할 수 있는 기업들을 발굴하고, 이러한 기업들이 크라우드펀딩을 통해 좀 더 수월하게 자금을 조달할 수 있도록 하는 제도적 뒷받침이 필요하다.

(1) 대상기업

⚽ 한국

한국에서는 비상장 중소기업인 업력 7년 이내의 창업기업이 크라우드펀딩 관련법 대상이 된다. 다만, 상황에 따라 적절하게 예외를 적용하고 있다.

예를 들어, 기술개발을 위해 초기에 시간이 많이 소요되는 벤처기업이나 기술혁신형 중소기업 등은 업력에 대한 제한 없이 크라우드펀딩 대상기업이 된다. 그러나 모든 크라우드펀딩 대상기업이 증권을 발행할 수 있는 것은 아니고 모집금액이 목표금액 대비 80%가 넘어야 펀딩에 성공한 것으로 간주하여 주식이나 채권을 발행할 수 있다.

🇺🇸 미국

미국에서 JOBS법의 적용을 받는 기업은 '신성장기업Emerging Growth Company; EGC'이라고 불리는데, 이는 직전 회계연도 매출액이 10억 달러 미만인 회사를 말한다. 기업들은 기업공개 이후 다음의 기준을 적용했을 때 어느 한 조건이 처음 만족되는 날까지 EGC의 지위를 유지한다.

- 매출액이 10억 달러를 초과하는 첫 회계연도 말
- 기업공개 후 5번째 회계연도 말
- 직전 3개년을 대상으로 할 때, 발행된 비전환사채 발행액수가 처음 10억 달러 이상이 되는 발행일

한국과 미국의 대상기업 지정기준의 차이를 보면, 한국은 업력을 기준으로 하고, 미국은 회사의 규모를 기준으로 한다. 한국의 경우 신생기업을 지원하고자 하는 목적이 강하다고 한다면, 미국은 업력과는 관계없이 규모가 상대적으로 작은 신성장기업을 지원하고자 하는 목적이 강하다고 볼 수 있다. 국가 경제의 성장을 위해서는 미국의 기준이 좀 더 실용적인 것으로 보인다. 다만, 한국의 경우 예외 조항의 적용으로 2016년 말 기준 업력 7년 이상인 약 13,000개 기업이 크라우드펀딩 규정 적용대상으로 포함되어 미국과 같은 실질적인 효과를 발휘할 것으로 기대된다.

(2) 행정적 지원

😃 한국

투자자를 모집하는 방식에는 공모와 사모가 있다. 일반적으로 사모는 기관투자자나 자본시장에 대한 이해가 깊은 투자자를 대상으로 이루어지기 때문에 불특정 다수의 일반인을 대상으로 자금 모집을 하는 공모에 비해 규제가 적다. 크라우드펀딩은 대중을 대상으로 자금조달이 이루어지기 때문에 공모에 해당하며 자본시장법상 공모와 관련된 규제가 적용되어야 하나 법의 취지를 살리기 위해 크라우드펀딩 기업에 대해서는 규제 수준을 완화하여 행정부담을 줄여주고 있다. 예를

들어, 크라우드펀딩 기업에 대해서는 금융위원회에 증권신고서를 제출해야 하는 의무를 면제해 주고, 대신 중개업체에 사업계획서·재무서류 등을 게재하도록 행정부담을 낮추어 주었다.

🇺🇸 미국

미국도 신성장기업에 대해서는 여러 가지 행정적 부담을 낮추어 주고 있다.

⟩ 증권신고서 제출 면제

신성장기업이 다음의 4가지 요건을 충족하는 경우 증권신고서 제출을 면제해준다.

- 직전 12개월간 발행총액이 백만 달러를 넘지 않는 경우
- 직전 12개월간 개별투자자들이 투자 상한을 넘지 않은 경우
- 일정 요건을 갖춘 브로커 또는 펀딩 포털을 통해서 거래하는 경우
- 발행회사가 투자자보호 관련 규제사항을 이행하는 경우

또한 증권신고서 제출의무가 면제되는 기준을 완화하였다. 즉, 소액공모에 대한 규제Regulation A를 완화하였는데, 증권신고서 제출의무가 면제되는 소액공모 기준을 500만 달러에서 5,000만 달러로 상향 조정하였다.

⟩ 등록의무 면제

SEC 등록을 하게 되면 공개기업에 준하는 의무를 부담하여야 하는데, SEC에 등록해야 하는 기업의 주주 수 요건을 기존 500명에서 2,000명으로 상향 조정하여 주주 수 2,000명까지는 SEC 등록을 면제하였다. 또한, 일정 조건을 충족하는 사모발행에 대해 SEC 등록의무를 면제해주는 규정Regulation D이 존재하는데 신성장기업이 대상 중의 하나이다.

⊙ 공시부담 완화

일반기업은 기업공개 시 경영진 보수에 대한 공시가 의무사항으로 되어 있으나, 신성장기업의 경우 이러한 의무 적용을 배제하였다. 또한 기업공개를 위한 등록신고서registration statement 제출 시 일반기업들은 감사를 필한 직전 3개년 이상의 재무제표audited financial statement를 제출하도록 하고 있으나, 신성장기업의 경우 이를 2개년도 이상의 재무제표 제출로 완화하였다.

⊙ 감사규정의 완화 적용

신성장기업이 기업공개를 하는 경우 사베인스-옥슬리 법Sarbanes-Oxley Act에서 요구하는 내부통제 절차에 대한 감사의무internal controls audit 적용을 배제한다. 또한, 감사 회계법인을 정기적으로 순환해야 하는 의무, 회계감사인이 요청하는 경우 추가로 정보를 제공해야 하는 의무 등 공개기업회계감독위원회가 정한 여러 가지 감사관련 규정의 적용대상에서 제외해 준다.

3) 시장 측면

크라우드펀딩 시장이 독립적으로 성장 발전하기 위해서는 시장참여자들이 공정한 경쟁을 할 수 있도록 적절한 규제가 이루어져야 한다. 동시에 지나친 규제는 시장의 형성 및 발전에 저해요인이 될 수 있기 때문에 지나친 규제가 되지 않도록 유의해야 한다.

(1) 중개회사 관련 제도

◉ 한국

⊙ 등록

크라우드펀딩의 중개업자가 되기 위해서는 등록요건을 충족시켜야 하는데, 자기자본이 최소 5억 원이 되어야 한다. 이때 자기자본 요건의 객관적 심사가 가능하도록 회계감사보고서를 반드시 첨부해야 하며, 자기자본 산정 시 직전 분기 말 재무제표상 자기자본에 등록신청일까지의 자본금 증감분을 합산하여 계산하도록 규정하고 있다.

⊙ 영업행위 규제

크라우드펀딩 시장의 건전성과 투자자 보호를 위하여 자본시장법 상 다양한 규제가 시행되고 있다_{자본시장과 금융투자업에 관한 법률 제117조의7}. 특히 온라인소액투자중개업자_{펀딩포털}와 관련된 사항을 보면 다음과 같다.

- 펀딩포털은 자신이 온라인소액투자중개를 하는 증권을 자기의 계산으로 취득하는 행위, 증권의 발행 또는 그 청약을 주선/대리하는 행위를 할 수 없다. 이는 중개업자와 투자자와의 이해상충 문제를 제거하기 위함이다.
- 펀딩포털은 크라우드펀딩 발행회사의 신용 또는 투자 여부에 대한 투자자의 판단에 영향을 미칠 수 있는 자문이나 발행회사의 경영에 관한 자문을 할 수 없다.
- 펀딩포털은 투자자로 하여금 청약의 내용, 투자에 따르는 위험, 증권의 매도 제한, 증권의 발행조건과 발행회사의 재무상태가 기재된 서류 및 사업계획서의 내용을 충분히 확인하도록 한 후 청약을 받아야 한다.
- 펀딩포털은 고수익·고위험의 투자손실 위험성 등을 알리도록 홈페이지 메인화면에 투자 유의사항을 게재하여야 한다.

⊙ 중개업자 관련 규제 완화

위에 언급한 바와 같이 자본시장법상 중개업자는 투자자와의 이해상충을 방지하기 위하여, '중개하는 증권'을 '스스로의 계산'으로 취득할 수 없도록 되어 있다. 그러나 크라우드펀딩 시장이 초기인 점과 참여자들의 영세성을 감안할 때 중개업자들이 펀딩 성공의 대가로 수수료를 받는 대신 펀딩기업의 지분을 받을 수 있도록 허용하는 방안을 검토할 수 있다. 이렇게 되면 발행기업은 수수료 부담을 상당 부분 줄일 수 있어 좋고 중개업자는 장래성이 있는 기업들의 지분을 취득하여 이득을 볼 수 있어 좋다. 다만, 이해상충 문제를 줄이기 위하여 펀딩기업의 지분을 받은 중개업자는 홈페이지를 통해 지분을 받은 기업들의 목록을 공시하는 방안을 고려할 수 있다.

또한 일반적인 자금조달의 경우 투자자 피해를 고려하여 중개업자들이 매월 업무보고서를 제출하도록 되어 있다. 그러나 전업 중개업자는 규모가 작고, 청약증거금을 직접 보관하지 않으므로 중개업자의 영업상태가 투자자에게 직접 영향을 주지 않아 투자자 피해가 제한적이다. 따라서 업무보고서 제출 주기를 월 단위에서 분기 단위로 완화하는 방안을 고려할 수 있다.

🇺🇸 미국

⟫ 등록

미국에서는 SEC에 브로커 또는 펀딩포털로 등록된 중개업자만 거래가 가능하다. 따라서 크라우드펀딩을 위한 펀딩포털은 반드시 SEC에 등록해야 하며, 자율규제기구인 Financial Industry Regulatory Authority FINRA 회원으로 가입하여 관련 규정을 준수해야 한다. 그러나 일반적인 브로커나 딜러에 비해서는 완화된 규제가 적용된다.

⟫ 중개업자 관련 규제

미국에서 JOBS법 관련 중개업자는 고객정보 보호, 발행회사와의 금전적 이해관계 형성 금지 등의 요건을 준수해야 한다. 즉, 펀딩포털은 투자자문 제공, 포털 제공 목적의 유가증권 매매, 고객자산의 보유·운용 등의 행위가 금지된다. 이러한 규제는 한국과 유사하게 중개업자와 투자자 사이의 이해상충 문제를 낮추기 위한 것이다.

(2) 투명성 및 건전성 확보

🛟 한국

투자자들이 성공기업 사업보고서를 쉽게 조회할 수 있도록 크라우드넷에 종합 투자정보를 게재하는 자료실을 구축해야 한다. 이는, 중개업자가 중도에 해산·철회되더라도 투자자에게 중단 없이 기업정보를 제공하기 위함이다. 그리고 유사 크라우드펀딩을 통해 투자자를 유도하는 사기적 행위나 불법행위에 대한 감시 감독을 강화해야 한다. 즉, 지속적으로 크라우드펀딩을 가장한 불법행위를 감시 감독하고, 적발 시 수사기관 의뢰 등 적극적인 대응을 지속해야 한다.

🇺🇸 미국

발행회사는 사명, 법적 지위, 주소, 경영진 및 주요 주주 명단, 소유구조, 재정상태, 사업내용 등의 회사정보를 SEC에 등록하고, 중개업자와 투자자에게 공시하여야 한다. 또한 자금조달과 관련하여 모집목적, 목표 모집규모, 증권가격 등 발행정보를 공시해야 하며, 자금모집 결과 등을 SEC에 보고해야 한다. 그리고 중개업자들은 투자자교육자료, 위험 등에 대한 공시의무를 부담하며, SEC 규정에 따른 사기방지체계를 마련해야 한다.

(3) 상장요건 완화

한국에서는 크라우드펀딩 성공기업에 대해서는 보호예수 적용기간,

상장 등과 관련하여 완화된 규정을 적용하고 있다. 즉, 일반 공모의 경우에는 공모로 자금조달을 한 다음 사모로 자금을 추가 조달하는 경우, 공모로 간주되어 후속 자금조달 시점부터 1년간 보호예수 규제가 적용된다. 그러나 크라우드펀딩의 경우에는 원활한 후속자금 조달을 위해 전문투자자를 대상으로 사모형태로 후속 자금을 유치하는 경우에는 보호예수 적용기간을 크라우드펀딩 증권 발행시점부터 1년으로 완화하여 적용한다.

상장과 관련해서는 펀딩규모 3억 원 이상_{정책금융기관 등 추천 시 1억 원} _{이상}이고, 전문투자자 2인을 포함하여 50인 이상이 참여하는 경우에는 지정자문인 선임의무를 면제하여 코넥스 시장 특례 상장을 허용한다. 또한 한국거래소는 2016년 스타트업 육성을 지원하고 크라우드펀딩 기업 등의 상장 전 주식 유통을 지원하는 장외거래 플랫폼인 한국거래소 스타트업 마켓_{KSM}을 개설하였는데 KSM에 6개월 이상 상장된 기업에 대해서는 기준을 추가로 완화하였다. 즉, 펀딩규모 1.5억 원 이상_정 _{책금융기관 등 추천 시 7,500만 원 이상}이고, 전문투자자 2인 포함하여 20인 이상이 참여하는 경우 코넥스 시장 특례 상장을 허용한다.

7. 크라우드펀딩의 성공을 위해

크라우드펀딩은 십시일반으로 소규모 투자를 함으로써 각 투자자들이 위험을 크게 지지 않으면서 사회적 문제 해결에 기여할 수 있다. 반면, 사회적 문제를 해결하고자 사업을 구상하는 개인이나 조직들은 자금에 대한 접근성이 향상되어 좀 더 활발하게 사업을 구상하고 이를 실현할 수 있다. 정부는 사회의 발전을 위해 들여야 하는 재원과 노력을 민간 부문이 부담해 주기 때문에 재정을 절약할 수 있고 이렇게 절감된 재원과 행정력을 더 큰 사회적 목적을 위해 활용할 수 있다. 그러나 이러한 선순환이 이루어지기 위해서는 다음과 같은 점들이 확보되어야 한다.

첫째, 모든 시장 참여자들이 신뢰에 기반하여 활동할 수 있도록 참여자들의 자각이 필요하다. 투자자들은 사회적 문제의 해결을 위해 기여한다는 본래의 취지를 견지해야 하며, 크라우드펀딩을 통해 투자수익률을 올리는 것에 중점을 두어서는 곤란하다. 또한 깊이 생각하지 않고 투자에 참여하여 실패를 보는 경우 크라우드펀딩 자체에 회의를 느껴 크라우드펀딩 시장에서 이탈할 가능성도 존재한다. 투자자들은 사업제안자나 조직들에 대한 자금제공자들의 평가 등을 살피면서 이상은 높으나 성공가능성이 낮은 사업, 크라우드펀딩을 가장한 사기성 사업을 선별하는 안목을 키워가는 것이 필요하다.

둘째, 크라우드펀딩 사업자는 사업의 성공을 위해 자금제공자의 의견을 경청하고 자금제공자와 좋은 관계를 유지하려는 자세가 필요하다. 해당 사업에 참여하는 투자자들은 그 사업에 관심이 많은 사람들이기 때문에 그 중에는 상당한 경험이나 지식이 축적되어 있는 사람들이 있을 수 있다. 이들의 아이디어를 경청하고 바람직한 부분을 경영에 반영함으로써 사업의 성공 확률을 높이고 투자자와의 관계를 좋게 유지하여 향후 추가적으로 시도할 사업의 밑거름으로 삼아야 한다. 투자자들을 단지 초기자금을 지원하는 후원자로만 생각하지 말고 사업의 효과를 높이기 위한 조언자라는 것을 항상 유념해야 한다.

셋째, 정부는 크라우드펀딩이 많은 투자자와 사업제안자가 활동하는 독자적 시장으로 발전할 수 있도록 제반 여건과 제도적 지원을 아끼지 말아야 한다. 정부가 정책을 수립하고 집행할 때 항상 부딪히는 문제는 규제의 강도와 투자자 보호의 상충관계이다. 크라우드펀딩 시장에서 규제를 너무 완화하면 시장의 역동성과 창의력은 개선되는 반면, 약한 규제로 인한 선의의 투자자 피해가 발생할 수 있다. 그러나 투자자 보호를 위해 규제를 너무 촘촘하게 마련하면 규제로 인해 시장 자체가 질식되는 사태가 발생될 수 있다. 관계 당국은 수시로 시장 상황을 살펴서 가장 적정한 수준의 규제 강도와 규제 내용을 구축하여야 한다. 특히 사회적 문제들을 해결하기 위한 크라우드펀딩은 민간의 창의성이 매우 중요하므로 투자자 보호를 위한 예방적 차원의 촘촘한 사전적 규제보다는 문제가 발생했을 때 유사한 문제가 재발하지 않도록 허점들을 충실히 보강하는 사후적 형태의 규제가 바람직하다.

넷째, 시장의 건전성을 확보하기 위해 최대한의 노력을 기울여야 한다. 크라우드펀딩 시장은 민간의 창의력을 지원하고 장려하는 것이 매우 중요하나, 이로 인해 불순한 동기를 가진 사람들이 제도를 창조적으로 악용하는 사례도 다수 발생할 수 있다. 정부는 크라우드펀딩 시장에서 위법, 탈법이 발생하는 경우 다시는 크라우드펀딩 시장에 재진입할 수 없도록 엄정하게 법집행을 해야 한다. 솜방망이 처벌이나 피상적 사건 처리로 문제를 일으킨 개인이나 조직이 다른 형태로 위장하여 시장에 재진입하고자 하는 동기 자체를 없애야 한다.

마지막으로 정부는 크라우드펀딩 시장에 대한 조세나 재정적 지원을 단순히 비용으로 생각해서는 안 된다. 정부가 해야 할 역할을 민간의 창의성과 효율성을 활용하여 사회적 사업을 시도하는 것이기 때문에 크라우드펀딩 시장이 이러한 사업들이 없는 경우에 정부가 투입해야 하는 재원과 행정력을 상당히 절감시킨다는 사실을 인식해야 한다. 이러한 바탕에서 크라우드펀딩 시장의 작동 상황을 면밀히 검토하면서 단계적으로 시장에 대한 지원을 늘려가는 정책이 필요하다.

캐런 클라인 집단 괴롭힘 방지 재단
(Karen Klein Anti-Bullying Foundation)

크라우드펀딩이 사회를 변화시킬 수 있다는 가능성을 보여주는 좋은 예로 '캐런 클라인 집단 괴롭힘 방지 재단Karen Klein Anti-Bullying Foundation'을 들 수 있다. 2012년 6월, 미국 중학생들을 태운 학교버스 안에서 캐런 클라인 할머니가 중학생 4명으로부터 집단 괴롭힘을 당하고 있었다. 백발의 할머니는 17년 전 남편을 잃은 후 학교버스의 안전요원으로 일하면서 연 15,000달러 정도의 매우 낮은 소득으로 근근히 생활하고 있었다.

철없는 학생들은 할머니를 두고 뚱뚱하다. 냄새가 난다는 등 언어폭력뿐 아니라 할머니의 옆구리를 손가락으로 찌르거나 머리를 건드리는 행동도 서슴지 않았다. 더구나 한 학생은 10년 전 할머니의 큰 아들이 자살한 사건을 들춰내며 할머니의 곁이 싫어 아들이 자살했다는 등의 망언을 퍼부었고 급기야 할머니는 눈물을 흘리고 말았다.

이러한 상황을 목격한 한 학생이 이를 휴대전화 동영상으로 촬영하여 유튜브에 올렸는데 하루 만에 180만 명 이상이 시청하면서 모든 사람들이 분노하였다. 토론토에 거주하는 우크라이나 출신 작가 맥스 시도로프Max Sidorov도 해당 영상을 시청하게 되었는데 그는 자신도 어린 시절 집단 괴롭힘을 당한 경험이 있음을 고백하면서 할머니의 위로여행을 위해 5,000달러를 모금하자고 미국의 대표적인 크라우드펀딩 사이트인 인디고고에 캠페인을 시작했다.

반응은 폭발적이었다. 5,000달러를 모금하고자 했던 것이 하루 만에 456,000달러의 모금이 이루어졌고, 최종적으로 세계 82개국으로부터 32,000명이 기부에 동참하였는데, 적게는 10달러에서부터 많게는 3,000달러를 기부하여 총 700,000달러가 넘는 금액이 모아졌다.

할머니는 생활이 곤궁했을 뿐 아니라 다운증후군을 앓고 있는 손녀와 자폐증을 가진 손자까지 있었다. 할머니를 위한 모금이 이루어진다는 소식에 할머니는 손주들이 입원해 있는 요양병원에 기부를 하고 싶다는 바람을 가지고 있었다. 그러나 유튜브와 언론을 통해 할머니의 사정이 알려지자 전 세계에서 도움의 손길을 보내오는 것을 보면서 할머니는 마음을 바꾸었다.

사회적 약자들이 부당하게 집단 괴롭힘을 당하는 것을 개선하기 위하여 할머니는 캐런 클라인 집단 괴롭힘 방지 재단을 설립하고 이를 위해 10만 달러를 재단 설립 자금으로 기부하였다. 집단 괴롭힘의 희생자로 수동적으로 이러한 수모를 받아들일 수밖에 없었던 할머니가 크라우드펀딩으로 후원을 보내준 수많은 사람들로부터 영감을 얻고 은혜를 갚기 위해 이제는 집단 괴롭힘을 방지하고 개선하는 운동에 앞장서게 된 것이다.

캐런 클라인 집단 괴롭힘 방지 재단은 기업, 유명인, 스포츠 스타, 음악가, 사회활동가, 사업가, 정치가, 학생, 교장선생님, 선생님, 학부모들이 모두 참여하는 프로그램을 운영하고 있으며, 오바마 전 대통령 부부의 '괴롭힘 방지 운동'과 함께 매우 중요한 사회적 영향을 끼치고 있다Karen Klein Anti-Bullying Foundation 2018.

Karen Klein Anti-Bullying Foundation, http://karenkleinfoundation.blogspot.kr/.

사람을
위한 금융

제4장

사회책임투자

(Socially Responsible Investments)

제4장

사회책임투자
(Socially Responsible Investments)

사회책임투자는 social investing, mission-related investing, values-based investing, socially responsible investing, socially responsible investment, ethical investing, double- or triple-bottomline investing, responsible investing 등으로 불린다. 투자에 있어 사회적 책무를 강조하는 것으로 이미 선진국에서는 상당히 알려진 개념이다. 이 장에서는 사회책임투자의 정의 및 발전과정, 사회책임투자의 종류, 국내외 사회책임투자의 현황, 사회책임투자 시 고려사항 등에 대해 살펴본다.

1. 사회책임투자란?

사회책임투자는 투자의사결정을 할 때 기업의 경영능력과 재무상태 등 경제와 관련된 성과뿐만 아니라 환경, 인권, 노동, 반(反)부패, 투명한 지배구조, 지역사회 공헌도 등과 같은 다양한 사회적 성과도 함께 중시하는 투자를 말한다. 예를 들어, 지속가능경영을 실천하는 기업은 포트폴리오에 포함시키고, 환경오염기업이나 핵무기 관련 기업 등과 같이 사회에 해악을 끼치는 기업의 주식은 투자대상에서 배제하는 것이다. 사회책임투자에 대한 UN의 정의는 '환경, 사회, 기업지배구조Environmental, Social, and Governance; ESG 측면을 고려한 투자'이다. 초기에는 사회에 해악을 끼치는 기업이 도태되도록 하는 것으로부터 출발하였으나 점차 확장되어 다양한 사회책임투자 전략으로 진화하였다.

2. 사회책임투자의 전개

사회책임투자는 과거 종교계를 중심으로 군수물자, 담배, 주류, 마약, 성산업 등 반사회적이고 윤리 및 환경에 반하는 기업에는 투자하지 않는 사회운동의 일환으로 시작되었다. 이러한 전통은 1980년대까지 이어져서 종교단체, 시민단체, 대학 등이 인종차별, 반전, 반핵 등 각 개인과 기관의 가치관이나 신념에 근거하여 윤리적 투자를 수행하였다.

대표적인 예로는 베트남 전쟁에 반대하는 단체들이 군수업체에 대한 투자를 제한한 것이나, 남아프리카공화국의 인종분리정책에 반대하는 대학 등이 남아공에서 사업하는 미국기업의 주식을 처분하자는 운동을 벌인 것 등이다.

1990년대 이후에는 주식시장의 성장에 따라 SRI펀드의 규모도 증가하였고, 회계부정 등 기업비리에 얽힌 기업들이 파산하는 사태가 발생하면서 사회책임투자가 위험관리 차원에서 주목을 받게 되었다. 사회책임과 관련된 주요 의제들은 회계부정 등 기업비리, 고용, 지속가능한 성장 등이었다. 또한 UN 주도하에 세계환경개발위원회World Commission on Environment and Development; WCED가 출범되고 지구정상회의

Earth Summit가 개최됨에 따라 환경문제도 중요한 사회책임투자의 주제가 되었다.

2000년 이후에는 지속 가능한 성장과 책임투자가 결합되면서 사회책임투자SRI가 지속 가능한 책임투자Sustainable and Responsible Investment로 확장되는 양상이 전개되었다. UN은 2006년 코피아난 사무총장이 주도하여 금융기관을 위한 대표적 투자원칙인 UN PRIPrinciples for Responsible Investment를 제정했다. UN PRI는 투자자를 위한 수탁자 책무와 투자를 통한 바람직한 사회발전이라는 기본 방향하에 6개 분야 33개 주요 실천 프로그램으로 구성되어 있는데, UNEP/FIUnited Nations Environmental Programme/Financial Initiative와 선진금융기관과 다양한 전문가 그룹이 함께 제정한 것이다. UNEP/FI는 UNEP 산하에 설립된 글로벌 금융기관들의 자발적 모임으로 1991년 은행 및 투신사 등의 원활한 의견수렴을 위해 설립되었다. UNEP/FI는 산하 AMWGAsset Management Working Group을 통해 환경·사회·지배구조Environmental·Social·Governance; ESG 관련 이슈를 개발하고, ESG 투자와 기업 가치와의 상관관계를 분석하며, 기타 다양한 연구를 수행하여 PRI 확산에 기여하고 있다. 또한, 투자결정 시 ESG 고려, 투자 철학 및 운용 원칙에 ESG 이슈 통합, 기업들에게 ESG와 관련된 정보공개 요구, 금융 산업의 PRI 원칙 준수 및 이행 노력, 세부 활동과 진행 상황 보고 등의 원칙을 설정하였다. 이 원칙에 네덜란드공무원연금ABP, 캘리포니아공무원연금CalPERS, NYCER 등의 연기금, Thailand, Ireland, Norway 등 정부 관련 연기금, BT Pension Scheme 등 기업연금, Groupama, Henderson, Mitsubishi UFJ 등의 기관투자가와 같이 세계 유수의 연기금 및 금융기관이 서명하였다. 이로 인해 기업과 자산운용사로부터 ESG 정보를 요구하는 기관투자자의 수가 증가하였으며, 개인투자자들의 SRI 투자에 대한 관심도 증가하여 ESG를 실천하는 지속 가능한 기업에 투자하여 더 많은 수익을 창출하고 투자자에 대한 책임을 강조하는 방향으로 전환되고 있다.

3. 사회책임투자 전략의 종류

〈표 4-1〉은 다양한 형태의 사회책임투자 전략을 보이고 있다. 부정 선별Negative screening은 ESG 기준을 적용할 때 문제가 있는 기업이나 산업은 투자 포트폴리오에서 배제하는 전략이며, 반대로 긍정 선별 positive screening은 ESG 기준으로 볼 때 좋은 기업이나 산업을 투자 포트폴리오에 편입하는 것이다.

표 4-1 사회책임투자 주요 전략

전략	설명
부정 선별 (Negative Screening)	특정한 ESG 기준에 근거하여 종목 또는 산업에 대한 투자를 배제
긍정 선별 (Positive Screening)	특정한 ESG 기준에 부합하는 종목이나 산업에만 투자
최고 선별 (Best-in-Class Screening)	특정한 ESG 기준으로 볼 때 가장 우수한 종목이나 산업에 투자
규범 기준 선별 (Norm-based Screening)	국제적으로 합의된 원칙이나 기준에 근거하여 특정 종목 또는 산업에 대한 투자를 배제
통합 투자(Integration)	전통적인 재무 분석 기법과 비재무적인 분석 기법을 통합하는 투자방식
지속가능테마 투자 (Thematic Investment)	특정 ESG 이슈(기후변화, 동반성장, 노사문제, 가족친화 등)와 연관된 종목 또는 산업에 투자
주주행동주의(Engagement)	적극적인 주주권 행사를 통해 기업의 정책 및 행동을 변화시킴으로써 장기적인 기업가치 증대

최고 선별Best-in-Class Screening은 해당 ESG 기준으로 볼 때 가장 우수한 기업이나 산업에 투자하는 것이다. 규범 기준 선별Norm-based Screening은 국제적으로 합의된 원칙이나 기준에 비추어 볼 때 문제가 있는 종목이나 산업에 대한 투자를 배제하는 것이다. 통합 투자Integration 방식은 전통적인 재무적 측면의 분석 기법과 ESG와 같은 비재무적인 측면의 분석 기법을 통합하여 투자대상을 결정하는 투자방식이다.

지속가능테마 투자Thematic investment는 특정한 ESG 주제, 예를 들어, 기후변화, 동반성장, 노사문제, 가족친화, 아동취업, 공정무역 등과 관련하여 모범적인 기업이나 산업에 투자하는 방법이다. 주주행동주의Engagement 방식은 적극적으로 주주권을 행사함으로써 기업의 지배구조를 개선시키고, 기업의 정책 및 행동을 변화시켜 장기적으로 기업의 가치를 증대시킴으로써 이익을 얻는 투자방식이다.

이러한 사회책임투자 전략을 적용한 예로 국채에 대한 투자 시 국제사회 또는 UN의 제재 아래 있는 국가의 국채 투자를 배제하는 부정 선별을 들 수 있다. 주로 독재정권 국가가 이에 해당되는데, 인권 침해와 관련이 있기 때문이다. 또한 사회적 투자 펀드 매니저들이 기업 지배구조, 환경 및 자원 정책, 인권 존중과 교육 관련 이슈를 스크린하는 채권 포트폴리오 상품들을 추천하고, 투자자들은 필요한 인프라 개선이나 학교 건설, 지속적인 대체 에너지원 개발 등의 공공 서비스를 지원하는 국가의 채권을 구매하는 형태로 사회책임투자를 실행하고 있는데, 이는 긍정 선별 또는 지속가능테마 투자에 해당한다.

좀 더 구체적인 사회책임투자 전략의 예로 MSCI가 국공채 투자를 위하여 ESG Sovereign Ratings을 활용하여 약 90개 국가에 대한 ESG 국가 신인도를 평가하는 방식이 〈표 4-2〉에 나타나 있다.

사람을 위한 금융

표 4-2 MSCI Sovereign Ratings : ESG Risk Factors

구분	위험요인	하부 위험요인 종류	하부 위험요인 관리
환경 위험 (Environmental Risk)	자연자원 위험	에너지 자원 생물 역량(Bio-capacity) 수자원(Water Resources) 소비 수준	에너지 자원 관리 수자원 관리 자원 보존
	환경 외부성 및 취약성	환경 외부성 환경사건에 대한 취약성	환경 외부성에 대한 영향 환경성과
사회적 위험 (Social Risk)	인적 자원 위험	기본적 인적 자원 고급 교육 및 기술 수용성	기본적 수요 (Basic Needs) 건강 수준 (Health Levels)
	경제환경 위험	경제 환경(Economic Environment)	고용(Employment) 복지(Wellness)
지배구조 위험 (Governance Risk)	금융 지배구조 위험	금융 자본(Financial Capital)	재무관리(Financial Management)
	정치적 지배 구조 위험	기관(Institutions) 사법 및 형벌 제도 지배구조 효과	정치적 권리 및 자유 부정부패 통제 안정성과 평화

자료: MSCI ESG Research Inc., MSCI ESG Government Ratings.

이 순위를 생성하기 위해서 각 나라의 환경 위험, 사회적 위험, 지배구조 위험을 고려하고 있는데, 환경 위험은 자연자원 위험natural resource risk과 환경 외부성 및 취약성environmental externality and vulnerability을, 사회적 위험은 인적 자원 위험human resource risk과 경제환경 위험economic environmental risk을, 지배구조 위험은 금융 지배구조 위험financial governance risk과 정치적 지배구조 위험political governance risk을 검토한다. 또한, Robecosam의 ESG 요소를 고려한 '국가지속가능순위Country Sustainability Ranking' 같은 평가 모델들이 개발되어 국공채 투자 시 활용할 수 있는 자료를 제공하고 있다Robecosam 2015.

4. 사회책임투자의 현황

호주의 투자자문사인 JANA가 조사한 바에 따르면 국제 채권투자 매니저의 상당수가 투자 시 ESG 요소를 고려한다. 또한 같은 조사결과에 따르면, 세계 최대 채권투자자 63명 중 88%가 ESG 요소가 채권투자의 재무적 성과에 영향을 미친다고 응답했다. 실제로, 다수의 연구결과에 의하면 ESG 요소가 신용위험과 연관성이 있는 것으로 보인다. 미국의 채권전문 운용기관인 Breckinridge와 유럽에서 가장 큰 규모의 자산운용사인 Amundi, AXA, 호주의 AMP는 채권투자 시 ESG 요소를 고려하여 운용하고 있다.

총 4,270억 달러로 전 세계 3위의 운용규모를 자랑하는 네덜란드 연기금 ABP도 책임투자 원칙을 주식 투자결정 프로세스에 통합하였다. ABP는 ESG 요소를 투자 과정 및 결과에 적용하는 것이 수익률과 위험 간 균형에 도움이 된다고 판단하여 운용 철학으로 책임투자를 천명했다. 특별히 재무 성과와 비재무 성과를 동시에 달성하기 위해 ESG팀과 포트폴리오매니저가 협업할 뿐만 아니라 주식의 종류마다 세부 전략을 달리한다. ABP뿐 아니라 해외 연기금 및 자산운용업계들은 이러한 책임투자 원칙을 채권 등의 다른 자산군에도 활발히 적용하고 있다.

개인, 비영리 단체, 공익성 기금들도 사회책임투자를 중요한 투자의 원칙으로 삼고 있다. 〈표 4-3〉은 2017년 미국에서 가장 많이 기부를 한 사람들의 명단을 보이고 있다. 마이크로소프트의 빌 게이츠Bill Gates와 그의 부인 멀린다 게이츠Melinda Gates가 가장 많은 48억 달러한화 약 5조 3,000억 원의 기부를 하였고, 그 다음으로 페이스북Facebook의 창업자 마크 주커버그Mark Zuckerberg와 그의 부인인 프리실라 챈Priscilla Chan이 20억 달러한화 약 2조 2,000억 원의 기부를 하였다.

📋 표 4-3 2017 미국 상위 기부자

(단위: 백만 달러)

순위	기부자	금액	순위	기부자	금액
1	Bill and Melinda Gates	4,800	6	Florence Irving	680
2	Mark Zuckerberg and Priscilla Chan	2,000	7	Charles Butt	290
3	Michael and Susan Dell	1,000	8	John and Laura Arnold	285
4	Henry Hillman	850	9	Pierre and Pam Omidyar	258
5	Michael Bloomberg	702	10	Roy and Diana Vagelos	250

자료: Chronicle of Philanthropy, 2018

〈표 4-4〉는 50대 공익성 민간기금 중 대표적인 기금들의 명단을 보이고 있다. 빌 게이츠 부부가 운영하는 빌과 멀린다 게이츠 재단Bill & Melinda Gates Foundation, 자동차 왕 헨리 포드Henry Ford와 E. Ford 부자가 설립한 포드 재단Ford Foundation, 록펠러 재단Rockefeller Foundation, 카네기 재단Carnegie Corporation of New York 등 인류 공영에 이바지하고자 하는 저명한 재단들이 모두 사회책임투자 원칙을 실천하고 있다.

📋 표 4-4 사회적 투자 활동이 활발한 민간기금

Bill & Melinda Gates Foundation	Carnegie Corporation of New York
Ford Foundation	California Wellness Foundation
David and Lucile Packard Foundation	Robert Wood Johnson Foundation
California Endowment	Charles Stewart Mott Foundation
Annie E. Casey Foundation	William Penn Foundation
Rockefeller Foundation	Heinz Endowments

자료: Chronicle of Philanthropy.

〈표 4-5〉는 사회책임투자의 일환으로 기업의 지배구조를 개선하거나 기업의 경영에 적극적으로 참여함으로써 목표하는 사회적 효과를 달성하고자 하는 기금이나 조직들을 보이고 있다.

📖 표 4-5 기업지배구조 개선 활동이 활발한 민간기금

As You Sow Foundation	Max and Anna Levinson Foundation
Camilla Madden Charitable Trust	Nathan Cummings Foundation
Conservation Land Trust	Needmor Fund
Edward W. Hazen Foundation	Pride Foundation
Funding Exchange	Tides Foundation
Haymarket People's Fund	United Church Foundation
Jessie Smith Noyes Foundation	Wisdom Charitable Trust
Lemmon Foundation	

자료: The Social Investment Forum.

5. 사회책임투자의 규모

1) 국외

전 세계의 사회책임투자 규모는 1990년대 연기금 등 기관투자자의 참여가 본격화되면서 급속히 성장하였다. Social Investment Forum은 2년마다 사회책임투자 규모를 발표하는데 〈그림 4-1〉에 그 결과가 나타나 있다. 이에 의하면 미국의 경우 1995년 사회책임투자의 규모가 6,390억 달러였다. 이것이 10년 후인 2005년 말에는 전체 펀드 투자자금의 9.4%인 2조 2,900억 달러로 성장하였다. 기관으로는 Citigroup, CalPERS, Capital Group, Chase Manhattan Bank 등이 주요 SRI 투자자로 활동하고 있었다. 2007년에는 이전에 비해 사회책임투자 관련 펀드의 자산규모와 수가 더 증가하였다. 자산규모는 2조 7,110달러로 2005~2007 기간 동안 SRI 자산이 18% 증가하였다. 이는 전 세계 투신 운용자산이 3% 증가에 그친 점을 고려하면 괄목할 만한 증가였다. 결과적으로 2007년 중 미국의 운용 자산 9달러 중 1달러는 SRI에 투자되고 있었다. 2010년에는 SRI 투자시장의 규모가 3조 690억 달러, 2012년

에는 3조 7,440억 달러, 2016년에는 8조 7,200억 달러에 이르러 매년 매우 가파른 성장을 이어가고 있다.

그림 4-1 미국의 사회책임투자의 규모

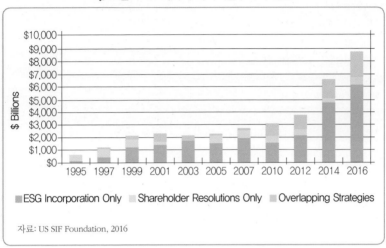

자료: US SIF Foundation, 2016

<표 4-6>은 미국의 SRI 펀드의 수 및 규모를 보이고 있다. 1995년에는 55개에 불과하던 SRI 펀드가 2년 후인 1997년에는 144개가 되어 162%의 증가율을 보였다. 최근의 성장률도 괄목할 만한데 2010년 SRI 펀드의 수는 493개로 2007년의 260개 대비 90%의 성장률을 보였고, 2012년 720개, 2014년 894개의 SRI 펀드가 운용되고 있다. 규모로 보면 1995년에는 120억 달러에 불과하던 것이 1997년에는 960억 달러가 되어 무려 700%의 증가율을 보였다. 최근의 성장률도 매우 높은데 2010년의 펀드 규모는 5,690억 달러로 2007년의 2,020억 달러 대비 182%의 증가를 보였다. 그 이후 2012년에는 1조 130억 달러, 2014년에는 2조 4,570억 달러로 2년 간격으로 볼 때 각각 78%와 143%의 엄청난 증가를 보이고 있다.

표 4-6 미국의 SRI 펀드 수 및 규모*

(단위: 십억 달러)

구분	1995	1997	1999	2001	2003	2005	2007	2010	2012	2014	2016
펀드 수	55	144	168	181	200	201	260	493	720	894	1,002
성장률		162%	17%	8%	10%	0%	29%	90%	46%	24%	12%
펀드 규모	12	96	154	136	151	179	202	569	1,013	2,457	2,597
성장률		700%	60%	-12%	11%	19%	13%	182%	78%	143%	6%

* 자금운영자와 금융기관이 운용하는 SRI 펀드만을 의미함 (기관투자자는 미포함), 특별계정(separate account) 규모는 포함되어 있지 않음.

자료: US SIF 2016

미국에서의 이러한 SRI 투자 증가는 기관투자가 및 고액투자가의 수요 증가, SRI 관련 신상품과 투자스타일 개발, 투자기법의 SRI 요소 고려 증가에 기인한 것이다. 구체적으로, 첫째 재단, 노동조합, 퇴직연금, 대학저축예금, 고액투자가들의 SRI 수요가 점점 증가하고 있다는데 기인한다. 이에 따라 펀드나 자금의 운용자가 포트폴리오 운용 시 SRI 요소에 대한 고려를 점차 늘리고 있다.

둘째, 사회벤처캐피탈, 사회책임/환경기반 사모펀드, 사회/환경 관련 지수 추적 ETF 등 새로운 상품과 투자스타일이 개발되어 다양한 사회책임투자 수요에 더 효과적으로 대응하는 방법들이 생기고 있기 때문이다.

셋째, 점차 그 문제의 정도가 심해지는 지구의 환경 변화에 따라 기후 변화 관련 포트폴리오 위험에 대한 투자자들의 관심이 지속적으로 증대되고 있기 때문이다.

넷째, 사회책임투자는 경제적 관점에서 보아도 그 자체로 매우 훌륭한 위험관리 방안이 되기 때문이다. 일반적으로 투자자들이 경제적 위험만 고려하여 포트폴리오를 구성하는 상황에서 경제성과 관련성이 적은 사회적 측면의 투자를 하는 것은 포트폴리오 분산투자 관점에서 매우 훌륭한 위험관리 수단이 된다. 더구나 사회책임투자가 경제성만 고려하는 투자보다 수익성 면에서 열등하지 않다는 기존의 실증적 결과를 고려하면 매우 좋은 투자대상이라는 점을 알 수 있다.

유럽의 경우에는 영국, 스웨덴 등에서 연기금 사회책임투자법이 통과되면서 규모가 크게 증가하였다. 2005년 기준 SRI 펀드의 규모는 1조 330억 유로였는데 2007년 이 규모가 2조 6650억 유로가 되어 연평균 42% 정도의 가파른 증가를 보였다. 유럽 SRI 투자는 90% 이상이 대부분 기관투자가에 의해 이루어지는데 Deutsche Banks, UBS, ING, Credit Suisse, Hermes, ABP, Barclays, Lloyds 등의 기관투자가이다. 유럽의 사회책임투자는 특히 영국에서 활발한데 1995년 영국의 연금법이 민간 연금펀드를 운용하는 모든 연금 주체는 투자 포트폴리오를 구성할 때 사회적 책임을 이행해야 한다는 내용으로 개정되어 연금 운용시 SRI를 고려해야 하기 때문이다.

📑 표 4-7 전 세계 SRI 규모 현황 (2016년)

구분	유럽	미국	캐나다	호주/뉴질랜드	일본	아시아 (일본 제외)	전체
SRI 규모 (십억 달러)	12,040	8,723	1,086	516	474	52	22,891
비중 (%)	52.6	38.1	4.7	2.3	2.1	0.2	100.0
권역별 전체 운용 자산에서 SRI가 차지하는 비중 (%)	52.6	21.6	37.8	50.6	3.4	0.8	26.3

주: 2016년 기준 / 자료: Global Sustainable Investment Alliance (GSIA), 2017.

〈표 4-7〉은 글로벌지속가능투자연합Global Sustainable Investment Alliance; GSIA이 6개의 권역을 설정하여 권역별 SRI 현황을 파악한 결과이다. 2016년 현재 전 세계 SRI 규모는 22조 8,910억 달러이며, 이 중 규모가

가장 큰 권역은 유럽으로 12조 400억 달러가 SRI에 투자되고 있으며, 이는 전 세계 SRI의 52.6%에 해당한다. 전체 운용자산에서 SRI가 차지하는 비중이 가장 높은 지역 또한 유럽이다. 다음은 8조 7,230억 달러가 투자되고 있는 미국이며, 이는 전 세계 SRI의 38.1%에 해당한다. 그 이외의 지역은 이 두 지역에 비하면 비중 면에서 볼 때 SRI 투자가 월등히 낮은 것을 알 수 있다.

📊 표 4-8 전 세계 SRI 투자 규모

(단위: 10억 달러)

북미		유럽		오세아니아		아시아	
국가	규모	국가	규모	국가	규모	국가	규모
캐나다	8,500	영국	2,328	호주	144	말레이시아	15.0
미국	6,572	프랑스	2,039	뉴질랜드	21	홍콩	11.0
		스위스	1,843			한국	8.0
		네덜란드	1,468			싱가포르	5.7
		독일	1,059			중국	1.8
		노르웨이	942			인도네시아	1.0
		스웨덴	765			대만	0.7
		이탈리아	650			베트남	0.2
		벨기에	267			인도	0.1
		핀란드	155			태국	0.02
		스페인	110				
		오스트리아	31				
		폴란드	1				
지역총계	15,072		11,658		165		44
전체총계	26,939						

주: 2013년 12월 말 기준 / 자료: 한국기업지배구조원, CGS Report 2015.

〈표 4-8〉은 국가별로 SRI 투자 규모를 보이고 있다. 2013년 말 기준 총 26조 9,390억 달러로 상당한 규모의 SRI 투자가 이루어지고 있으며

이 중 미국과 캐나다를 포함한 북미 지역의 규모가 15조 720억 달러로 가장 크고, 다음으로 유럽이 11조 6,580억의 규모를 보이고 있다. 영국이 2조 3,280억 달러로 가장 투자 규모가 크고, 다음으로 프랑스가 2조 이상의 투자를 하고 있다. 이 외에도 1조 달러 이상의 사회책임투자 실적을 보이는 국가는 스위스1조 8,430억 달러, 네덜란드1조 4,680억 달러, 독일1조 590억 달러 등이다. 이에 반해 오세아니아나 아시아 지역의 SRI 투자 규모는 매우 미미하다. 호주가 1,440억 달러로 그나마 가장 크고, 한국은 단지 80억 달러를 투자하고 있어서 경제 규모가 작은 말레이시아나 홍콩보다도 사회책임투자에 소극적이다.

표 4-9 유형별 사회책임투자 규모

투자 유형	SRI 규모(십억 달러)	비중
부정 선별	15,023	36.1%
통합 투자	10,369	24.9%
주주행동주의	8,365	20.1%
규범 기준 선별	6,210	14.9%
최고 선별 (긍정 선별)	1,030	2.5%
지속가능테마투자	331	0.8%
임팩트/지역사회투자	248	0.6%
전체		100%

주: 2016년 기준 / 자료: GSIA, 2017.

〈표 4-9〉는 유형별 사회책임투자 규모를 보이고 있는데 SRI 관점에서 볼 때 좋지 않은 기업이나 사업을 제외시키는 부정 선별 유형이 15조 230억 달러로 가장 큰 비중인 36.1%를 차지하고 있다. 다음으로는 재무적인 측면과 ESG 관련 비재무적 측면을 통합하는 투자가 10조 3,690억 달러로 24.9%를 차지하고 있고, 기업들이 사회적 책임을 다할 수 있도록 적극적으로 주주행동주의를 펼치는 투자가 8조 3,650억 달

러로 20.1%를 차지하고 있다. 국제적 규범이나 원칙에 근거하여 부적절한 대상에 대한 투자를 제외하는 규범 기준 선별도 약 15% 정도의 높은 비중을 차지하고 있다. 그러나 최고 선별이나 지속가능테마투자, 임팩트/지역사회투자는 그 비중이 미미한 것으로 나타나 있는데, 부분적인 이유는 다른 투자 유형과 중복이 되기 때문인 것으로 보인다.

2) 국내

국내 사회책임투자의 규모는 선진국에 비하면 매우 미미한데 그나마 국민연금이 2006년 말에 3,000억 원을 사회책임투자에 할당하면서 관심이 높아지고 있다. 〈표 4-10〉을 보면 우리나라의 3개 공적연기금과 우정사업본부가 운영하는 기금의 규모는 매년 증가하고 있으나 사회책임투자는 그 비중이 오히려 감소하는 경우도 많다.

국민연금은 2014년에 약 470조 정도의 기금을 운용하면서 1.27%인 6조 정도를 사회책임투자에 배분하였으나 2016년에는 상당히 증가한 558조의 기금을 운영하면서도 사회책임투자에는 여전히 6조대인 6조 3,700억 정도를 투자하여 비율로는 오히려 감소한 1.14%를 보이고 있다.

사학연금이나 공무원연금은 그 규모가 국민연금에 비해 월등히 적어서 결국 3대 연금 중에서는 국민연금의 투자가 SRI의 규모를 좌우한다. 우정사업본부는 총 기금이 2014년 105.6조 정도였는데 이 중 790억 정도만 사회책임투자에 배정되는 0.07%의 아주 저조한 기록을 보이고 있다. 2016년에는 111조의 기금 규모에서 SRI에 1,318억 정도를 투자하여 미미하나마 비율이 0.11%로 증가하였다. 전체적으로 볼 때, 우리나라의 사회책임투자 규모는 매우 미미하다 할 수 있으며 향후 보유 자산의 위험관리 측면에서 사회책임투자의 규모를 늘리는 방안을 심각하게 고려해 보아야 한다.

표 4-10 공적연기금과 우정사업본부 SRI 현황

(단위: 10억 원)

구분		2014	2015	2016
국민연금	총기금규모	469,823.0	512,324.0	558,000.0
	SRI 규모	6,000.6	6,851.6	6,370.0
	SRI 비중	1.27%	1.33%	1.14%
사학연금	총기금규모	12,106.1	12,755.9	13,922.9
	SRI 규모	97.9	99.6	212.4
	SRI 비중	0.80%	0.78%	1.52%
공무원연금	총기금규모	4,239.7	5,264.7	6,518.9
	SRI 규모	99.0	109.1	40.0
	SRI 비중	2.33%	2.07%	0.61%
3대 연기금 총계	총기금규모	486,168.8	530,344.6	578,441.8
	SRI 규모	6,197.5	7,060.3	6,622.4
	SRI 비중	1.27%	1.33%	1.14%
우정사업본부	기금구분 총기금	105,574.3	108,448.7	111,393.5
	기금구분 예금	60,795.5	62,505.8	63,709.8
	기금구분 보험	44,778.8	45,942.9	47,683.7
	SRI 규모	79.0	124.0	131.8
	SRI 비중	0.07%	0.11%	0.11%

자료: 국민연금, 사학연금, 공무원연금, 우정사업본부, 한국사회책임투자포럼

민간 부문에서 국내에서 최초로 출시된 사회책임투자 성격의 펀드
는 2001년 8월부터 발매된 삼성투신운용의 '에코펀드'라 할 수 있다.
이 상품은 운용사나 판매사의 수입 중 일부를 환경단체 지원기금으로
적립하는 방식이었는데 크게 주목을 받지는 못하였다. 이후 펀드의 운
용에서부터 철저하게 사회적 책임을 따지는 본격적인 SRI 펀드들이 출
시되었는데, 예를 들어 2003년 12월 제일투자증권과 기업책임을 위한
시민연대Center for Corporate Social Responsibility; CCSR가 '사회책임투자펀드
SRI-MMF'를 공동으로 발매하였다. 이후 수십 종의 SRI 펀드들이 출시되

었으나 이러한 펀드들의 포트폴리오 구성을 보면 기성 펀드들과 크게 다르지 않아 무늬만 SRI 펀드라는 비판을 받고 있는 실정이다.

6. 사회책임투자 관련 쟁점

사회책임투자를 수행할 때 고려할 사항으로 우선 수익률을 들 수 있다. 이론적으로 볼 때 모든 자산을 대상으로 형성되는 포트폴리오 프론티어portfolio frontier가 자산 선택에 제약이 있는 경우의 포트폴리오 프론티어보다 더 우월할 수는 없다. Le Maux & Le Saout2004는 기본적으로 SRI 선별 과정에 의해 특정 자산에 투자하지 않는 제약조건이 발생하는 경우에는 효율적 프론티어efficient frontier가 제약조건이 없는 경우보다 더 낮아지기 때문에 사회책임투자로부터의 투자 성과는 일반 투자성과보다 높을 수 없다고 주장한다. Girard et al.2007도 사회책임투자는 분산투자 비용diversification costs을 발생시키기 때문에 일반 투자보다 성과가 좋지 않을 것이라고 주장한다. 현실적으로도, Morningstar에 의하면 2011년 3월 기준 SRI ETF의 12개월 평균 수익률이 14.2%이었는 데 반해, 비SRI ETF 펀드는 21.2%, 적극적 운용 SRI 펀드는 17.8%의 수익률을 달성하여 제약조건이 있는 SRI ETF의 수익률이 조건이 없는 비SRI펀드 및 적극적으로 운용되는 SRI 펀드에 비해 수익률이 저조함을 보이고 있다. 또한 SRI 펀드는 2000년대 IT 버블시기에는 큰 수익을 거두었으나, 2008년 글로벌금융위기 시에는 급등락을 반복하여 변동성이 높다는 문제를 노정시키기도 하였다.

한편, Boutin-Dufresne & Savaria2004는 그 특성상 윤리적 기업의 분산 가능한 위험diversifiable risk이 낮다면 제약조건으로 인한 분산투자 악화 비용은 그리 크지 않을 것이라고 주장한다. 그렇다면 분산투자가 제약됨으로부터의 비용은 크지 않고 사회책임투자가 기업의 지배구조를 개선하고 경영자들이 좀 더 장기적으로 투자하도록 유도하는 이점은 높기 때문에 사회책임투자의 재무적 성과가 높을 수 있다. 현실에서 볼 때, SRI 펀드가 수익률이 낮은 이유 중 하나는 흔히 SRI 펀드라고 명명한 펀드들이 실상은 그 취지와 먼 주식들을 많이 포함하고 있기 때문이라는 지적이 많다. 만일 이러한 펀드들이 제대로 된 SRI 투자를 수행한다면 Boutin-Dufresne & Savaria 2004의 주장과 같이 SRI 펀드의 수익률이 높아질 수도 있을 것이다. 특히 우리나라의 상황을 보면, 존속기간이 1년 이내인 단기성 투자 펀드가 많고 사회책임활동과 관련된 특정한 자산보다는 여러 가지 자산에 투자하는 혼합형 펀드들이 많이 출시되고 있다. 심지어는 SRI 펀드 수익률의 기준치로 삼는 SRI 펀드 지수도 이런 비난에서 예외가 아니다. 예를 들어, 미국의 iShares MSCI KLD 400 Social Index에는 S&P500 지수에 있는 Microsoft, IBM, Procter & Gamble, Johnson & Johnson, Wells Fargo가 포함되어 있다. 또 다른 SRI 지수인 iShares MSCI USA ESG Select Social Index에는 전자시스템업체인 Eaton을 포함하여 Starbucks, Dell, Nike 등의 주식이 포함되어 있다. 우리나라의 경우에도 사회책임투자 SRI 지수를 구성하는 종목을 보면 비슷한 문제를 가지고 있음을 알 수 있다. 한국기업지배구조원은 2009년부터 SRI지수를 산출하고 있는데, 이 지수에 70개 종목이 포함되어 있다. 그러나 삼성전자의 비중이 가장 크고, 나머지 종목도 SK하이닉스나 한국전력, SK텔레콤, NHN, 신한금융지주처럼 비SRI 펀드도 통상 가지고 있는 시가총액 상위 대형주가 많다. 따라서 시장평가와 대비해 SRI 펀드의 성과를 비교 평가할 수 있도록 제대로 된 각종 SRI 지수를 개발하는 것이 필요하다.

한편, SRI 펀드는 기존의 펀드들이 흔히 투자하는 종목들과 달리 장기적인 성과를 내면서 지속 가능한 종목에 투자하기 때문에 포트폴리오 효과가 비SRI 펀드에 비해 우수하고 따라서 장기적 성과가 높다는 주장도 있다. 그러나 이러한 주장이 성립하려면 기존의 펀드들이 투자하지 않는 우수한 CSR 기업을 발굴하여 이를 포트폴리오에 편입시켜야 한다. 블루베이 자산운용BlueBay Asset Management은 좋은 ESG 점수를 획득한 기업이 그렇지 않은 기업보다 낮은 비용으로 채권 발행을 하고 있다고 보고하고 있다. 이 경우 투자자 입장에서는 ESG 점수가 좋은 기업이 발행한 채권에 투자하면 분산투자 효과가 발생하여 낮은 투자 위험률과 안정적인 이자수익을 기대할 수 있다.

국내에서 SRI 펀드 투자를 활성화하기 위해서는 여러 가지 면에서 개선되어야 할 점들이 많다. 우선 기업들이 SRI 관련 정보공개를 기피하는 경향이 있기 때문에 기업들이 ESG 관련 정보를 공개하도록 하는 유인책을 마련해야 한다. 자산운용 회사들은 사회책임투자 방침을 명확히 하고, 시스템, 프로세스, 인력 개발 등 인프라 구축에 힘쓰고 SRI 투자에 대한 연구를 강화하여야 한다. 투자자나 자산 관리자들은 ESG 이슈에 대한 대리투표 전략과 가이드라인을 명확히 하여 의결권 행사 전략을 개발하고 기업들과의 의사소통을 강화해야 한다. 그리고 한국거래소, 금융투자협회, 자산운용협회 등이 UN Global Compact나 UNEP/FI에 가입하여 교류를 강화하는 것도 필요하다.

에이미 도미니(Amy Domini)

에이미 도미니는 미국의 사회책임투자회사인 '도미니 사회투자Domini Social Investments'의 설립자이자 CEO이다. 1950년 출생하였으며 1973년 보스턴 대학 졸업 후 주식투자 중개회사인 터커 앤서니Tucker Anthony에서 근무하였다. 당시 에이미 도미니는 월스트리트 증권중개인 중 유일한 여성이었는데 남성 위주의 사회에서 생존하기 위해 부단히 노력하였다. 그녀의 업무는 투자할 만한 기업을 소개하는 것이었는데, 고객들 중 기업의 성격에 따라 투자하기를 꺼리는 사람들이 있었다. 예를 들어, 종이 회사에 투자하기를 거부하는 고객은 제지회사들이 나무를 지나치게 많이 벌채하여 많은 희귀 조류들이 서식지를 잃게 되기 때문에 투자를 꺼렸다.

이러한 그녀의 경험은 사회책임투자를 위한 지표를 개발하도록 이끌었는데 1990년 동료 스티브 라이덴버그Steve Lydenberg, 피터 킨더Peter Kinder와 함께 도미니 사회지수 400Domini 400 Social Index; DSI 400을 개발한다.

동 지수는 가장 대표적인 사회책임투자지수의 하나로 동년 5월 1일부터 발표되기 시작하였고, 지금은 MSCI KLD 400 사회책임지수MSCI KLD 400 Social Index로 불리고 있다. 이 지수는 환경 보호와 사회적 책임 활동을 얼마나 많이 하는가를 반영하여 미국의 400대 기업을 선정한 후 지표를 만든 것이다. 동 지수에 근거하여 에이미 도미니가 운영하던 사회적 펀드는 초창기에는 규모가 1,000만 달러에 불과하였으나 2003년까지 18억 달러로 증가하였고 이후 사회책임투자에 대한 관심이 높아지면서 꾸준한 관심을 받고 있다. 현재 도미니 사회투자가 운영하는 펀드는 DSI 400에 근거한 '도미니 사회 지분 펀드Domini Social Equity Fund', '도미니 사회 채권 펀드Domini Social Bond Fund', '도미니 단기 시장 계정Domini Money Market Account', 그리고 2005년 시작된 '도미니 유럽 사회 지분 펀드Domini European Social Equity Fund'가 있다.

그녀는 펀드의 운영에만 관여하는 것이 아니고 주주행동주의에도 활발한 활동을 펼쳤는데, 예를 들면 월트 디즈니사가 노동조건을 개선하고 코카콜라가 재생 가능용품을 더 많이 사용하도록 하는 데도 일조하였다. 또한 여러 조직의 이사회에 참여하여 사회책임투자 개념의 전도사 역할을 하고 있다. 그녀가 이사로 활동한 조직은 미국 성공회Episcopal Church in America의 교회연금펀드Church Pension Fund, 회원들이 풀뿌리 경제 개발 대출을 위한 펀드를 조성하는 조직인 '전국 지역사회개발 대출펀드 연합National Association of Community Development Loan Funds', 사회적이고 환경적 이슈에 대한 주주행동주의의 주요 지원 기관인 '사회책임범종교연합Interfaith Center on Corporate Responsibility' 등이 있다.

그녀는 또한 Boston Security Analysts Society의 회원이며 CNBC의 'Talking Stocks'를 포함한 여러 TV와 라디오 프로그램에 자주 초청받는 전문가이다. 저술가 및 사회활동가로도 유명하며 대표적 저서는 다음과 같다. Ethical Investing 1984, The Challenges of Wealth: Mastering the Personal and Financial Conflicts 1988, Investing for Good: Making Money While Being Socially Responsible 1993, Socially Responsible Investing : Making a Difference and Making Money 2001.

이러한 공적을 인정받아 2005년 시사주간지 Time의 세상에서 가장 영향력 있는 100인에 선정되었고, 동년 클린턴 대통령이 Clinton Global Initiative의 창립 회의에 그녀를 초청하여 도미니 세계 자선 펀드Domini Global Giving Fund를 통해 아이들과 환경을 보호하기 위한 활동을 해 온 것을 치하하였다.

Amy Domini, Wikipedia, https://en.wikipedia.org/wiki/Amy_Domini.

사람을
위한 금융

제5장

사회성과채권
(Social Impact Bond)

제5장

사회성과채권
(Social Impact Bond)

1. 사회성과채권이란?

사회적 금융투자상품인 사회성과연계채권, 또는 사회성과채권은 공공서비스 사업의 위험을 민간투자자에게 이전시켜 정부는 오직 성공한 공공서비스에 대해서만 성과에 따른 공공지출을 하도록 함으로써 재정지출을 줄이고 공공서비스 부문의 혁신을 촉진한다. 민간투자자들은 의미 있는 곳에 투자를 하여 자존감을 높이면서도 사회성과의 달성 정도에 따라 일정 부분 수익률도 기대할 수 있다. 기본적으로 자본시장 투자방식을 통해 사회문제를 해결하고자 하는 것으로 영국에서는 'social impact bondSIB'로 불리고, 미국에서는 'pay for successPFS'혹은 'pay for success bondPFSB'라는 용어로 많이 쓰인다. 'Social Benefit Bond'라고 불리기도 하는데, 이 책에서는 'Social Impact Bond'라고 통칭한다.

일반적으로 채권은 차입을 하는 주체기업이나 정부 또는 정부기관가 채권을 발행하고 이 채권으로부터 조달된 자금으로 다양한 사업을 수행하며 이로부터 창출된 이익을 근거로 채권투자자에게 이자와 원금을 지급한다. 이 경우 이자와 원금을 지급하는 재원이 해당 주체가 수행하는 특정 사업으로부터의 현금흐름이 될 수도 있지만 대부분은 차입 주체의 전반적인 변제능력에 따라 이자와 원금이 지급된다. 사업성과가 낮거나 사업주체의 현금흐름이 악화되면 원리금을 지급하지 못하게 된다. SIB는 달성하고자 하는 성과가 경제적 성과가 아니고 사회적 성과이며, 이를 달성하기 위한 사업이 수행되고 수행된 사업이 달성한 사회적 성과에 따라 이에 합당한 현금을 지급하는 형태이다. 특정한 성과와 연계하여 미리 정해진 방법에 따라 지급금액 또는 회수금액이 결정되는 권리가 표시된 것으로, 이는 자본시장법 제4조 제7항이 규정하는 파생결합증권의 성격을 가진다.

'Bond'라는 용어가 들어있기 때문에 '채권'이라고 볼 수 있으나 사실 SIB를 채권에만 국한시킬 이유는 없다. 투자자들은 채권, 지분투자, 투자계약 등 다양한 방식으로 사회성과에 연계한 투자를 할 수 있다. 따라서 bond라는 협소한 개념보다는 '투자계약investment contract'이라는 광의의 개념으로 이해하는 것이 더 적절하다고 할 수 있다. 투자계약은 우리나라 자본시장법에서도 인정하고 있는 증권의 개념자본시장법 제4조 제2항 중 하나로 미국의 포괄적 증권 개념인 investment contract를 차용한 개념이다.

2. SIB의 구조

SIB의 계약구조는 〈그림 5-1〉에서 보는 바와 같다. 특정 사회적 목적을 달성하고자 하는 정부는 SIB 발행기구인 Social Impact Bond Issuing

Organization_{SIBIO}과 계약을 맺어 정부를 포함한 관계자들 사이에 동의된 사회적 서비스나 공공사업이 수행될 수 있도록 한다. 이를 위해 자금이 필요할 것인데, SIBIO는 투자자에게 해당 사회적 서비스의 중요성 및 달성가능성을 홍보하고 SIB 채권을 발행하여 자금을 조달한다. SIBIO는 계획한 사회적 서비스를 제공할 수 있는 서비스제공자와 계약을 하고 해당 서비스 제공에 필요한 운용자금을 공급한다. 해당 사업이 완료되면 독립 평가기관이 사회성과를 측정하고 약정된 성과가 달성된 경우 정부가 SIBIO에 투자원금 및 성과금액을 지급한다. 이 때 계약에 따라 성과가 달성되지 않으면 정부의 지급의무가 전혀 없을 수도 있고 부분적으로 달성되는 경우 그에 비례하는 성과를 지급하기도 한다. 마지막으로 투자기간 만료 후 SIBIO가 사회성과의 달성 정도에 따라 투자원금과 수익을 투자자에게 배분한다.

그림 5-1 SIB의 구조

보증기관   정부 등 사회적 성과 추구 주체   평가결과 전달

보증   계약체결   3. 성과보상 예산 집행

민간투자자   1. 운영자본   총괄운영기관 SIBIO   평가기관

4. 투자수익지급

2. 서비스운용을 위한 자금지원

사업수행기관

사업수행   성과평가

사업대상 수감자, 청소년, 아동 등

어느 사업이나 위험성을 내포하고 있기 때문에 이러한 사업 위험을 사전에 파악하고 대처 방안을 강구하면 발행된 채권의 원리금이 정상적으로 지급될 확률을 높일 수 있다. SIB와 관련해서도 다양한 위험요인들이 존재하는데 이를 적절히 파악하고 이에 대한 조치를 취함으로써 사회적 성과의 달성과 이에 따른 SIB 채권의 원금 및 성과급 지급 가능성을 높일 수 있다. 첫째, 사업모델 위험을 들 수 있는데 사업모델이 신중하고 전문성에 근거하여 설정되지 못할 경우, 사전에 고려하지 못하는 부분이 많아지고 사회성과 목표를 달성하지 못할 위험이 높아진다. 둘째, 사업운영 위험은 정부가 아닌 민간 사업체가 운영하기 때문에 사업운영을 위한 조직력 등에 문제가 발생할 수 있는 위험이다. 그러나 SIB 채권을 발행하는 전제 자체가 정부의 비효율과 재원의 부족이므로 민간 사업체이기 때문에 운영능력이 부족하다고 할 수는 없다. 다만, 적절한 운영능력을 보유한 민간 사업체를 발굴하는 것이 중요하다. 셋째, 성과측정 위험인데 사회적 성과는 대부분 그 효과가 장기에 걸쳐 광범위하게 나타나기 때문에 성과측정이 어렵고 이로 인해 성과를 계량화하기 어렵다. 그러나 이러한 성과측정 및 계량화 능력은 하루아침에 갖추어지는 것이 아니므로 성과측정이나 계량화가 상대적으로 수월한 사업을 수행해 가면서 역량을 갖추어 가는 것이 필요하다. 마지막으로 사업실패 위험이 있는데 목표달성 실패 시 투자원금을 전액 회수하지 못한다거나 일부분밖에 회수하지 못하는 위험이 존재한다. 이와 관련하여서는 두 가지 측면의 고려가 필요하다. 첫째는 위에 언급한 성과측정 역량을 키워야 한다는 것이다. 사회적 성과의 특성으로 인해 정량적인 것보다 정성적인 측면이 많기 때문에 이에 대한 역량개발을 꾸준히 해나가야 한다. 둘째로는 SIB 채권이 추구하는 바가 사회적 문제를 해결하여 복지를 높이겠다는 취지이므로 너무 경제적인 관점에서만 접근해서는 안 된다는 점이다. 설사 발행된 SIB 채권으로 달성한 성과가 목표에 미흡할 경우라도 이것을 처음부터 재정자금으로 수행했을 때와 비교하면 오히려 효율성이 높을 수도 있다. 따라서 정부는 항상 어차피 지불해야 하는 비용의 규모를 추정하고, 이를 기준으로 하여 SIB 채권의 계약조건을 마련해야 한다.

3. SIB 발행 현황

SIB는 우리나라에는 새로운 개념이지만 외국에서는 예산 절감, 사회문제에 대한 조기 투자를 통한 사회문제 축소, 자본시장을 통한 증세 없는 복지 확대 등의 이점을 인식하고 이에 대한 다양한 시도를 하고 있다. 각국은 특히 정치적 이념을 떠나 SIB 활용을 위한 노력을 경주하고 있는데 본 절에서는 각국의 현황을 살펴본다. 이와 더불어 구체적인 사례를 분석함으로써 향후 SIB를 발행하는 데 있어 SIB의 계약구조, 보상설계 등 실질적인 도움이 될 수 있도록 한다.

1) 영국

영국에서는 2009년 12월 고든 브라운Gordon Brown 전 총리가 'Smarter Government: Putting the Frontline First'라는 제3세대 공공서비스 정책을 제시하였는데 사회성과채권은 그중 중요한 항목의 하나이다. 비록 고든 브라운 정권은 노동당 정권이지만, 이후 집권한 데이비드 캐머런 David Cameron 수상은 보수당임에도 불구하고 SIB를 지속적으로 발전시키기 위해 노력했다.

구체적으로, 법무성이 수형자의 재범률을 낮추기 위해 2010년 3월 세계 최초로 민영 교도소인 피터버러Peterborough 교도소를 대상으로

SIB 프로젝트를 수행하였다. 이 프로젝트를 위해 민간 부문의 SIBIO인 Social Finance와 계약을 체결한 이후 지속적으로 SIB 시범 프로그램을 개발하고 시행 중이다.

2010년 12월에는 영국 법무성이 'Breaking the Cycle: Effective Punishment, Rehabilitation and Sentencing of Offenders'라는 제하의 그린페이퍼를 발표했는데, 특히 성과기반 사회혁신 프로그램Payment by Results; PbR을 확대할 것임을 천명하였다.

민간의 SIB 발행의 예로는 트리오도스 은행Triodos Bank 과 GMCPGreater Merseyside Connexions Partnership가 수행한 'New Horizons'라는 프로그램을 들 수 있다. 이는 Merseyside 지역의 취약계층청년들을 대상으로 3년간 청년교육 및 고용지원서비스를 제공하는 프로그램으로 프로그램 수행을 위한 운영재원을 SIB를 발행하여 조달하였다.

Peterborough SIB 사례

① 목적

영국 법무성은 HMP 피터버러HMP Peterborough라는 민간 교도소와 협의하여 단기 수형자의 재범률을 낮추려는 목적을 가지고 있었다. 구체적으로 피터버러 교도소에 수감된 단기 수형자 3,000명을 대상으로 6년간 사회복귀서비스를 제공하고, 12개월 미만의 단기수형자의 재범률을 낮추는 것을 목적으로 하였다.

② 계약구조

계약구조는 〈그림 5-2〉에 나타나 있다. 2010년 3월 영국 법무성은 HMP 피터버러 교도소 단기수형자 재활 프로그램을 내용으로 하는 SIB 계약을 'Social Finance'와 체결하고 동년 9월 SIB 프로그램을 시행했다. 피터버러 교도소는 피터버러 교도소 관리회사Peterborough Prison

Management Limited가 운영하고 있었는데 영국 법무성은 해당 SIB 프로그램을 반영하기 위하여 이 관리회사와 체결한 교도소 운영 계약을 개정했다.

'Social Finance'는 이 프로그램의 주요 주체인 SIBIO인데 동 사업을 위해 사회성과 유한책임조합인 'Social Impact Partnership Limited$_{SIP}$'를 설립했다. SIP는 계약의 당사자가 되어 영국 법무성에게 단기수형자의 재범률을 낮추기 위한 서비스를 제공하기로 약속했다. 법무성은 달성된 사회성과에 따라 투자원금 및 이자의 상환을 약속했는데, 이를 결정하는 지표는 재범률이다. 수형자의 재범률이 각 그룹별 10%$_{전체}$ $_{7.5\%}$ 이상 낮아지면 연리 최저 2.5%에서 최고 13.3%의 이자를 재범 감소에 비례하여 투자자에게 지급한다$_{Disley et al., 2011}$.

🐟 그림 5-2 · 피터버러 SIB 계약구조

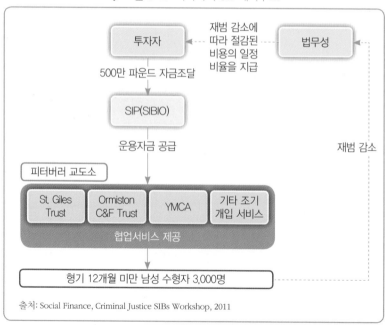

출처: Social Finance, Criminal Justice SIBs Workshop, 2011

Social Finance는 사회적 서비스를 제공하기 위해 SIP를 통하여 St. Giles Trust, Ormiston C&F Trust, YMCA 등 다수의 사회사업단체와 단기재소자의 사회적응을 위한 프로그램의 공급계약을 체결했다. 프로그램의 명칭은 One* Service인데 수형자의 사회 복귀를 위해 주거, 고용, 알코올 및 약물중독 치료, 멘토링 등의 서비스를 제공한다. 프로그램의 효과를 높이기 위하여 SIB 대상자의 수요에 근거한 다양한 사회적응 프로그램을 제공한다. 따라서 매년 내용이 달라질 수 있고 SIP는 서비스제공자와 1년 단위로 계약을 체결한다Disley et al., 2011; Ministry of Justice, 2011.

Social Finance는 피터버러 교도소 프로그램의 운영자금 조달을 위해 SIB를 발행하였는데 총 500만 파운드를 조달하였다. SIB를 구매하는 투자자는 대부분 사회적 목적을 달성하고자 하는 자선단체 또는 재단이다.

영국 법무성은 QinetiQ와 Leicester 대학을 독립 평가기관으로 지정하여 재범률을 평가하도록 하였다. 독립성 및 전문성을 갖추고 있어야 하므로 경쟁입찰 방식에 의하여 독립 평가기관을 선정하고 Social Finance의 허가를 받았다. Social Finance는 SIP를 통해 영국 법무성 외에 Big Lottery Fund와도 계약을 체결하였는데, 이들 기관은 성과목표 달성 시 성과급을 지급한다.

③ 성과의 판단

계약관계에 있어 지표는 계약조건의 달성을 판단할 수 있는 근거이기 때문에 가장 중요한 변수 중 하나이다. 피터버러 SIB의 성과지표와 관련된 내용은 다음과 같다.

- 우선 피터버러 SIB는 수형자를 총 세 개의 집단으로 나누었는데

각 집단은 통계적으로 의미 있는 규모인 1,000명 이상으로 구성
하였다.

- SIB의 대상은 1년 미만의 형을 선고받고 피터버러 교도소에서 형
  기의 일부 또는 전부를 채우고 출소한 18세 이상형 선고시점 기준의
  남성이다.

- 피터버러 SIB 대상 수형자의 재범률을 비교하기 위한 통제집단
  control group은 같은 기간에 다른 교도소에서 출소한 1년 미만의
  단기수형자이다.

- 재범이란 SIB 대상 수형자가 사회 복귀 후 1년 이내에 다시 유죄
  판결을 받는 경우를 의미한다. 재범률을 계산할 때는 재범 여부
  뿐만 아니라 재범의 회수도 반영한다.

④ 성과의 지급

피터버러 SIB의 지급과 관련된 사항이 〈그림 5-3〉에 나타나 있다.

- 우선 각 집단의 성과를 근거로 하여 세 집단 중 하나라도 프로그
  램 종료 후 재범률이 통제집단 대비 10% 이상 감소하면 성과급을
  지급한다.

- 각 집단의 10% 조건이 하나도 만족되지 않는 경우 전체 집단을
  합산한 기준을 적용하는데 전체 집단의 재범률이 통제집단에
  비해 7.5% 이상 감소하면 성과급을 지급한다. 재범률이 통제집
  단에 비해 7.5% 이상 감소하면 성과급을 지급하지만, 감소율이
  7.5%보다 낮은 경우 SIP는 원금도 확보하지 못한다.

- 통제집단과 비교하여 재범률 감소가 7.5%인 경우 최저 연리
  2.5% 이자율을 지급하고 통제집단에 비해 15% 이상 낮아지는 경
  우 최대 13.3%를 지급한다. 그 사이에서는 이자를 성과에 따라
  비례적으로 지급한다.

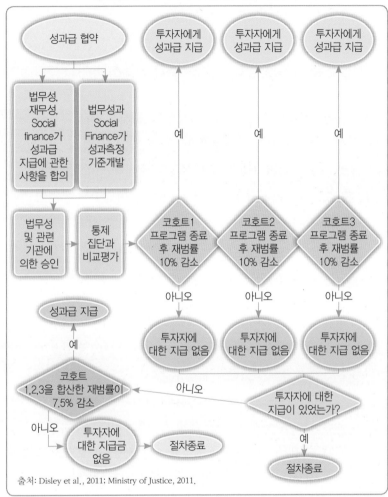

그림 5-3 피터버러 SIB 성과급 지급구조

출처: Disley et al., 2011; Ministry of Justice, 2011.

⑤ 피터버러 SIB의 시사점

피터버러 SIB는 성과급Payment by Result; PbR에 따른 공공서비스 제공 정책에 있어 최초의 시도라고 볼 수 있다. 향후에도 영국 정부는 성과급 기반 재활 프로그램을 확대할 예정인데 대부분 SIB 형태의 프로그램을 계획하고 있다. 영국 정부는 민간 부문의 자율성이 높아질수록 민간의 전문성이 반영되어 재활 서비스의 혁신이 있을 것으로 기대하고 있다.

피터버러 SIB의 사례에서 얻을 수 있는 시사점은 다음과 같다. 첫째, 사회적 성과를 달성하기 위하여 민간투자자들이 자금을 공급하고 사회적 사업 위험을 부담하는 모델이 적용 가능하다. 이때 중요한 것은 정부가 민간사업자 선정에 관여하지 않아야 하고, 운영 등 모든 방면에서 민간의 자율성과 전문성을 받아들일 자세가 되어 있어야 한다. 둘째, 성과에 관계없이 재정 지출을 하는 것이 아닌 PbR 모델이 사회적 성과 달성을 위하여 효과적인 모형이다. 셋째, 이해관계자들이 현실적이고 적합한 성과측정 기준을 개발하고 성과지급 모델에 대해 합의할 수 있는 방안을 찾아야 한다. 넷째, 성과측정 기준, 성과측정 방법, 성과지급 방법 등이 계약에 의해 명확히 정의되어야 한다. 다섯째, 서비스의 성과를 명확히 측정할 수 있어서 비용-편익 분석이 명확한 사업, 프로그램 대상자가 명확한 사업, 사회적 효과를 현금으로 계량화하기 용이한 사업을 선택하여야 한다.

2) 미국

미국에서는 오바마 행정부가 SIB 사업을 위해 2012년 1억 달러를 예산에 반영하였다. 이 자금은 인력개발, 교육, 소년사법제도, 장애아동복지 등 7개의 시범 프로그램에 투입되는데 성과지급채권Pay-for-Success Bond 형태로 운영된다. 미국에서는 최근까지 사회성과채권과 성과지급채권을 개념상 혼용하여 사용하였으나, 현재는 사회성과채권의 혁신성을 인식하여 이 둘을 구분하는 추세이다.

또한 미국에서는 정확히 SIB 형태는 아니지만 사회적 성과에 근거하

사람을 위한 금융

여 정부가 예산을 지원하는 프로그램이 있다. 예를 들어, Maryland 주의 취약계층을 지원하기 위한 'Maryland Opportunity Compactmoc'가 그것인데, 먼저 민간자금이 투입되어 사회적 문제에 대한 조기개입이 성공하면 이를 근거로 정부가 예산을 지원하는 사회성과조건부 예산집행이 그것이다. 이는 먼저 사회적 문제를 감소시키기 위한 조기개입 프로그램에 민간투자private investment가 이루어지고, 이로 인해 정부가 해당 사회적 문제를 사후적으로 대응할 때와 비교하여 예산이 절감된 것으로 판단되면 절감된 예산을 조기개입 프로그램에 재투자하는 방식이다.

라이커스 교도소(Rikers Island Correctional Facility)

① 목적

미국의 SIB 사례로 2012년 8월 뉴욕시 라이커스 교도소가 16~18세의 청소년 수감자의 출소 후 재범률을 감소시키고 이로 인한 정부 예산의 절감을 위해 SIB를 발행한 것을 들 수 있다. 이후 미국 주정부와 지자체들이 잇달아 시범사업을 추진하고 있다. 발행 당시 라이커스 교도소 출소자의 1년 내 재수감률은 50%에 달했고, 라이커스 교도소의 청소년 재소자의 관리를 위한 연간 사용 예산은 240만 달러였다. 뉴욕시는 예산을 효율적으로 사용하고 청소년 출소자의 재범률을 낮추기 위하여 투자은행인 골드만삭스Goldman Sachs와 함께 MDRC를 총괄운영기관으로 삼는 계약을 맺었다. MDRC는 청소년 재소자들을 대상으로 4년간 성과 달성을 위해 ABLEAdolescent Behavioral Learning Experience 프로그램을 실시하고, 이를 위한 재원은 SIB 발행을 통해 조달한다.

② 계약구조

라이커스 SIB의 계약구조가 〈그림 5-4〉에 나타나 있다. 총 발행규모는 960만 달러인데 이를 선순위 대출 형태로 골드만삭스가 인수한다. 기본목표는 재범률을 10% 감소시키는 것인데 이 목표에 도달하지 못하면 뉴욕시는 아무런 보상을 하지 않고, 목표를 넘는 경우에만 보상을 지급하기 때문에 예산 낭비의 위험이 없다.

그림 5-4 라이커스 SIB 계약구조

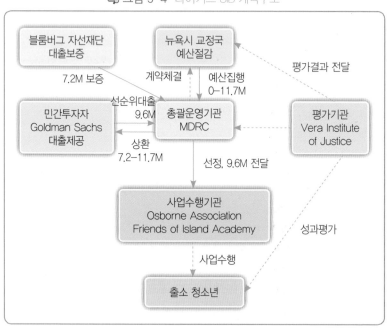

골드만삭스는 영리를 목적으로 하는 투자은행이므로 사업이 실패할 경우 너무 많은 손해를 입는 것에 대한 보호장치가 필요했는데, 이를 충족시키기 위해 블룸버그 자선재단이 참여했고 아무리 사업성과가 낮더라도 총 발행규모의 75%에 해당하는 720만 달러까지는 지급을 보장하는 계약을 맺었다. 따라서 골드만삭스의 입장에서는 목표치인 재범률 10% 감소가 실현되면 원금 960만 달러를 회수하게 되고, 재범률

이 10%보다 더 떨어지게 되면 최대 210만 달러까지 초과 수익을 얻으며, 실패하더라도 720만 달러까지는 보장이 된다. 이를 수익률로 환산하면 -25~22% 정도가 된다.

뉴욕시 교정국은 MDRC와 전반적 운영에 대한 계약을 맺었고, MDRC는 사업수행기관으로 선정된 The Osborne Association과 Friends of Islands Academy가 ABLE 프로그램을 수행하는 데 드는 비용을 지원하기 위해 SIB 발행으로 만들어진 960만 달러를 전달한다. The Osborne Association은 재소자 갱생 프로그램을 운영하는 비영리기관이고, Friends of Island Academy는 라이커스 섬 지역의 전과 보유 청소년을 선도하기 위한 대안고등학교 운영기관이다. 사업이 수행된 후 성과를 측정해야 하는데, The Vera Institute of Justice가 성과를 평가하여 뉴욕시 교정국과 투자자에게 통고한다. 성과지표는 최초 퇴소 후 재수감된 청소년의 교도소 숙박일수를 기준으로 삼는데, 정확한 성과의 향상을 측정하기 위해 프로그램 실시 이전의 집단을 비교대상으로 선정하여 성과를 측정한다.

③ 보상구조

〈표 5-1〉은 라이커스 SIB의 보상구조를 보이고 있다. 재범률 감소가 10%이면 뉴욕시는 960만 달러를 지급하고 골드만삭스는 원금만 보전받기 때문에 수익률이 0%이다. 재범률 감소가 10% 이상이면 뉴욕시는 더 많은 금액을 지급하고 골드만삭스의 수익률도 증가하며, 재범률 감소가 20% 이상이면 최고 22%의 수익률을 달성한다. 동시에 뉴욕시도 예산 절감이 되는 폭이 급속히 증가하여 재범률이 12% 이상 감소하면 뉴욕시의 예산절감액이 상당히 커지는 것을 볼 수 있다. 재범률이 16% 이상 감소되면 1,170만 달러의 예산이 절감되고 재범률 감소가 20% 이상 달성되면 2,050만 달러 이상의 예산이 절감된다. 뉴욕시의 입장에

서는 재범률이 16% 이상이 되어야 뉴욕시의 예산절감액이 지급액보다 크다. 전체적으로 재범률을 상당히 감소시키기 위한 동기가 강하게 작용될 수 있는 구조이다.

사업성과가 달성되면 프로그램 운영주체인 MDRC가 블룸버그 자선재단의 보증금액 720만 달러를 재단에 귀속시킬 수 있고, 이 재단의 귀속자금은 재단의 다른 사업에 투자될 수 있다.

📑 표 5-1 미국 라이커스 교도소 SIB 투자수익

(단위: 달러)

재범률 감소율	뉴욕시 지급액	투자수익	뉴욕시 예산절감액
20% 이상	$11,712,000	22%	$20,500,000
16% 이상	$10,944,000	14%	$11,700,000
13% 이상	$10,368,000	8%	$7,200,000
12.5% 이상	$10,272,000	7%	$6,400,000
12% 이상	$10,176,000	6%	$5,600,000
11% 이상	$10,080,000	5%	$1,700,000
10% 이상	$9,600,000	0%	$1,000,000
8.5% 이상	$4,800,000	−25%	$1,000,000 이하

자료: Goldman Sachs

3) 호주

호주에서는 사회성과채권이 '사회수익채권Social Benefit Bond; SBB'으로 불리는데, 호주 주정부는 교도소, 양호시설, 아동위탁시설 등 사회교정시설이나 사회복지시설의 유지 관리에 사용되는 예산을 절감하면서도 범죄율 감소, 가정 붕괴 방지 등의 사회적 목적을 달성하기 위해 SIB를 활용하고 있다. 그 예로 호주의 New South WalesNSW 주는 인구가 가장 많은데 영국의 피터버러 SIB에 이어 세계에서 두 번째로, 그리고 아시아 태평양 지역에서는 처음으로 SIB를 발행했다.

두 차례에 걸쳐 SIB를 발행하여 1,700만 호주 달러약 1,300만 미국 달러를 조달하였는데, 이 사업으로 보호가 필요한 아동과 청소년 숫자를 크게 줄이는 효과를 거두었다. 첫 SIB 사례는 2013년부터 시작된 청소년가정복귀 프로그램Newspin Program으로 첫 사업 연도에 7.5%의 수익을 달성한 바 있다. 이 프로그램은 'NSW SBBSocial Benefit Bond'라고 불리는데 호주 교도소 운영기관인 GEO 그룹이 Social Finance와 공동체를 구성하여 프로그램을 진행한다.

SIB는 대부분의 선진국 및 선진국 문턱에 있는 국가들이 직면하고 있는 초저금리 시대에 글로벌투자자들에게 새로운 투자기회를 제공할 수 있다. 호주에서는 사회수익채권 보유자가 해당 사업의 목표가 달성되는 경우 최대 약 12%의 수익을 올릴 수 있는데 현재 10년 만기 호주 국채수익률이 2.3%인 것을 고려하면 매우 높은 수익률이라 할 수 있다. 투자자 입장에서는 물론 목표가 달성되지 않을 위험도 있으나, 사회적으로 재소자의 출소 후 재범률 하락, 노숙자 감소, 만성질환자의 자기관리능력 개선 등 사회적으로 의미 있는 곳에 자신의 돈을 사용한다는 자부심을 가질 수 있고, 정부는 이로 인해 사회복지시설이나 사회교정시설의 예산을 절감하여 이를 더 많은 사회적 성과를 달성하는 데 쓸 수 있으므로 매우 유용한 제도이다.

① 사업의 목적

호주의 뉴사우스웨일즈에는 시설에 있는 아동이 약 18,000명 정도이다. 이들은 부모와 격리됨으로 인한 정신적 스트레스, 친구와 공동체의 결핍, 학교 교육의 중단, 이별 과정의 정신적 외상 등 심각한 문제를 안고 있다. 아동들이 입양이 된다고 하더라도 입양 가정에서 친부모와 같은 애정을 받기 어렵기 때문에 여러 가지 한계가 존재한다. 이로 인해 호주에서 부모와 떨어져서 생활하는 아동 및 청소년들의 경우 다음과 같이 여러 가지 문제점들을 보이고 있다.

- 정신 건강상 문제를 가진 비율이 높다.
- 질병과 장애 비율이 높다.
- 10대 임신 비율이 높고, 과도하게 충동적이고 위험을 택하는 행위를 보이며, 자아 파괴 행태를 보인다.
- 시력, 청력, 구강 문제를 가진 비율이 높으나 치료가 미흡하다.
- 학교에 가지 않거나 또는 잦은 이동으로 너무 많은 학교에 다닌다.
- 대학에 가는 비율이 매우 낮다.
- 성인이 된 후 실업자로 전락할 가능성이 높다.
- 퇴소 후 상당 기간 집이 없이 생활하거나 또는 주거가 불안정하다.
- 청소년 범죄 및 매춘 비율이 높다.

아동들이 시설에 맡겨지는 이유 중 많은 부분이 부모들의 문제이다. 해당 부모들이 고독감 등 정신질환을 겪고 있고, 가정폭력 등 사회적으로 불리한 상황에 처해 있으며, 술과 약물을 남용하고 자존감이 낮은 경우가 대부분이다. 또한, 미혼모와 같이 새로 부모가 되는 경우 정신적으로 물리적으로 아이들에게 위해가 되는 경우가 흔히 발생한다.

사회적으로 이들을 위한 시설과 프로그램이 충분히 제공되어야 하지만, 문제는 이들을 보호하고 계도하기 위한 시설과 프로그램을 유지하는 비용이 매우 높다는 것이다. 더 나은 정책은 시설을 이용해야만 하는 상황을 사전에 예방하는 것인데, 이를 위해서는 가정의 회복을 지원하고, 파괴적이고 무지한 가정환경을 개선해야 한다. 영국은 이러한 문제에 대응하여 매우 성공적인 프로그램을 운영한 사례가 있고, 이를 받아들여 호주에서 과거 15년 동안 운영을 해 왔다. 이 프로그램은 〈표 5-2〉에서 보는 바와 같이 4가지 모듈로 구성되어 있다. 부모들에게는 좋은 부모가 될 수 있도록 정신적 치유의 기회와 함께 좋은 가정을 꾸리기 위한 방법을 가르친다. 아동들은 감정적 측면과 사회적 측면에서 다시 정상적인 생활로 돌아올 수 있도록 여러 가지 놀이와 활동에 참여한다. 그리고 센터 자체가 부모와 아동들에게 우호적이고 지원을 아끼지 않는 장소로서의 역할을 수행하도록 하는 것이다.

📑 표 5-2 뉴핀 모델

부모 역할	부모들이 교육 모듈에 참가한다. 교육 모듈은 부모 역할에 대한 지식과 이해를 높이고, 아이들이 위험과 무시당함에 노출되지 않도록 하는 방법을 배우며, 아이의 욕구에 대한 깊은 이해를 개발할 수 있도록 구성되어 있다.
치유 모임	부모들이 매주 치유 모임에 참가한다. 이 모임에서 부모들은 자신들이 아이였을 때의 경험을 회상하고 이것이 자신들의 부모로서의 행동에 어떻게 영향을 미쳤는가를 성찰한다.
아동발달 활동	아이들은 정형화 또는 비정형화된 놀이에 참여한다. 이는 아이들의 사회적, 감정적, 언어적 소통 능력을 향상시키기 위함이다.
우호적 환경	센터 자체가 부모들과 아동들 모두에게 안전하고, 우호적이며, 안정적인 환경을 제공한다. 많은 참가자들이 이전 뉴핀 회원들로부터 조언을 얻고 지원을 받는다.

자료: Social Ventures Australia, 2013.

② 계약구조

〈그림 5-5〉는 뉴핀 SBB의 계약구조를 보이고 있다. 가장 중요한 기관은 SBB 사업을 총괄하는 뉴핀 SBB 신탁Newpin SBB Trust인데, 호주 사회벤처투자Social Ventures Australia Limited; SVA가 경영계약에 의해 뉴핀 SBB 신탁을 운영한다. 뉴핀 SBB 신탁은 투자자에게 SBB를 발행하여 총 700만 달러의 자금을 모금하였는데, 특히 응모금액이 모집금액을 초과하는 현상이 나타났다. 주요 투자자는 거액의 특정금전신탁, 고액자산가, 연기금 등이었다. 투자자의 자금은 신탁회사인 Security

Trustee에 직접 송금되고 계약이 끝날 때까지 보관된다. 이 SBB의 만 기는 2020년 9월 30일이어서 발행일 기준 약 7년 만기 채권이다. 뉴핀 SBB 신탁은 실제 사업 수행기관인 UnitingCare와 재무계약을 맺고 조 달된 자금을 제공하며, UnitingCare는 조달된 자금을 사용하여 프로그 램을 운영한다. UnitingCare는 NSW 주정부와 사업 실행에 대한 계약 을 맺는다. 이 계약에는 성과측정, 독립적 인증기관에 의한 성과급 계 산 및 인증 등 중요사항이 포함된다.

🗨 그림 5-5 뉴핀 SBB 계약구조

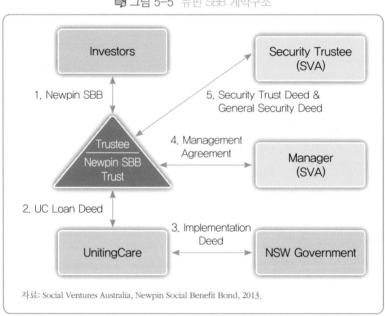

자료: Social Ventures Australia, Newpin Social Benefit Bond, 2013.

③ 현금흐름

〈그림 5-6〉은 위 계약구조에 따른 현금흐름을 보이고 있다. 우선, 뉴핀 SBB 신탁은 SBB 발행으로 700만 달러를 조달하고 이 자금을 UnitingCare에게 대출해 준다. UnitingCare는 이 자금으로 사업을 수행

하고 사업의 성과에 따라 NSW 정부로부터 자금을 수령한다. 이 자금은 다시 UnitingCare가 대출받았던 700만 달러에 대해 뉴핀 SBB 신탁에게 성과에 근거한 원금과 이자를 지급하는 데 사용된다. 또한 뉴핀 SBB 신탁은 이 자금으로 투자자들에게 성과에 근거한 이자와 원금을 지급한다. 마지막으로, UnitingCare는 SVA에게 경영에 대한 보상을 지급한다.

📓 그림 5-6 뉴핀 SBB의 현금흐름

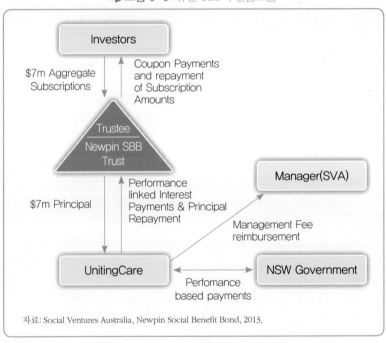

자료: Social Ventures Australia, Newpin Social Benefit Bond, 2013.

④ 보상구조

뉴핀 SBB의 보상구조는 다음과 같다. 우선 보상을 위한 성과를 계산해야 하는데, 이는 회복률Restoration Rate로 산정되며, 다음과 같이 계산된다.

$$회복률 = \frac{A}{A + B}$$

여기서,

- A = 부모들이 뉴핀 프로그램에 참여하고 아동들이나 청소년들이 부모의 품으로 돌아간 수
- B = 부모들이 뉴핀 프로그램에 참여하였으나 회복되지 못하고 퇴소한 경우의 수

회복률에 근거하여 SBB에 대한 수익률이 결정되는데, 다음의 공식이 사용된다.

$$수익률 = 3\% + 0.9 \times (회복률 - 55\%)$$

만일, 회복률이 55% 미만이면 이자지급이 없는데, 다만 첫 3년의 경우에는 5%의 이자율을 보장해준다. 또한, 최대 지급률은 15%를 넘지 않는다. 이에 근거하여 이자율을 계산해보면 〈표 5-3〉과 같다.

표 5-3 이자의 지급

회복률 (Z)	투자수익률 (내부수익률, IRR)
70% 이상	15%
$65 \leq Z < 70$	12%
$60 \leq Z < 65$	7.5%
$55 \leq Z < 60$	3%
55% 미만	0%

4) 한국

SIB는 영국에서 시작되어, 미국, 호주, 독일 등으로 전파되었는데 한국에서는 서울시가 2015년 6월 당시 아시아 최초로 지적장애아동 문제 개선을 위한 SIB를 도입하였다. 서울시는 지방자치단체의 재정 부

담이 가중되는 상황에서 재정 지출의 효율성을 확보하면서 사회적 문제를 해결해야 하는 과제를 안고 있었다. 2012~2015년 기간 동안 서울시의 총예산 증가율은 4.3%였는데, 이 중 복지예산 증가율은 13.6%이었다_{서울특별시 2015}. 한국의 경제적 발전 정도를 고려할 때 복지에 대한 수요는 향후 더욱 증가할 것이며, 이로 인해 지방재정에 대한 부담은 점점 더 가중될 것이다.

한편, 지적장애는 아니나 지능이 낮은 IQ 64~84 정도의 아동들이 전국적으로 약 80만 명 정도가 존재한다. 이들은 일반학생과 장애학생 사이에서 장애학생에 대한 복지 혜택도 받지 못하고, 정상 학생들과 같이 생활하기도 힘든 정책 사각지대에 놓여 있다. 이들에 대한 지원은 사회적 문제를 사전에 방지할 수 있을 뿐 아니라, 학생들이 원 가정에 복귀하여 부모의 보호 아래 정상적 생활을 할 수 있는 기회를 제공한다.

① 사업의 목적

서울시의 62개 아동복지시설에 있는 지적 문제를 가진 아동 100명을 대상으로 한다. 이들은 정상인과 장애인의 경계선에 해당하는 지적 능력을 가진 아동이나 경증지적장애를 가진 아동들인데, 3년간 약 10억 원을 지원하여 이들의 정서회복을 돕고, 기초학습을 할 수 있는 역량을 키우며, 사회성을 향상시키는 등 배려에 기반하여 자립능력을 키워주는 것이 목적이다.

② SIB 사업의 구조

〈그림 5-7〉은 이 SIB 사업의 구조를 보이고 있다. 서울시가 이 사업을 총괄적으로 운영할 수 있는 사업자를 선정하는데, 이 사업자는 지적인 문제가 있는 아동들의 교육에 대한 전문성과 채권 발행 등에 대한 지식이 있어야 한다. 총괄운영기관은 지적인 문제를 가진 아동들

을 교육할 수 있는 사업수행기관을 선정하고 해당 사업수행기관이 향후 3년간 목표한 사회성과를 달성하기 위한 사업을 수행하도록 한다. 이 때 사업을 수행하기 위한 사업비가 필요한데 해당 사업비는 총괄운영기관이 민간투자자들에게 SIB를 발행하여 조달한다. 사업의 성과는 독립된 평가기관이 수행하도록 하고, 사업의 성과에 따라 서울시는 예산을 집행하여 해당 사업의 성과에 따라 총괄운영기관에게 자금을 지급한다. 총괄운영기관은 이 자금으로 민간투자자에게 약정한 원금과 수익을 지급한다. 즉, 민간투자가 먼저 이루어지고 향후 사업의 성과에 따라 투자자들이 서울시의 예산집행으로 투자한 자금과 수익을 돌려받는 구조이다.

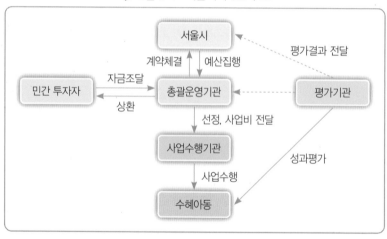

그림 5-7 서울시의 SIB 구조

③ 성과지표

SIB를 설계하는 데 있어 가장 어려운 부분이 사회적 성과를 어떻게 측정하는가 하는 것이다. 사회적 성과의 속성상 정성적인 부분이 많을 수밖에 없지만 정성적 지표의 단점은 잘못 사용되는 경우 매우 주관적이고 사회적 성과를 제대로 측정하지 못할 수 있다. 반면 정량적 지표는 명확하기는 하지만 어차피 주관적인 속성이 강한 사회적 성과를 측정하기에는 역부족일 수 있다. 따라서 정량적 지표와 정성적 지표를 잘 융합하는 것이 필요한데, 〈표 5-4〉는 서울시의 본 사업에 대한 성과지표를 보이고 있다.

📑 표 5-4 서울시 SIB의 성과지표

구분	목적	성과지표	측정방법	내용
정량지표	지적능력 향상	BIF나 MR로부터 탈출	웩슬러 지능검사 (Wechsler Scale of Intelligence)	• 경계선 지적능력을 가진 아동이나 경증 지적장애를 가진 아동의 IQ 향상
	사회성 향상	사회적 부적절 행동의 감소	교사평가척도 (TRF)	• 학교생활 적응, 문제행동의 감소 지표(사회성 지표 향상)
정성지표	사회적 성숙도 향상	사회성 향상	SSRS	• 아동의 사회성 수준 평가를 위한 도구 • 성과를 평가하기 위한 것이 아니라 아동의 인지발달 측정을 위한 자료로 활용

자료: 서울시, '선민간투자 후공공성과보상' 복지사업모델, 사회성과연계채권(SIB)의 현황과 발전과제 국제세미나, 서울 롯데호텔, 2015. 11. 5.

우선 눈에 띄는 점은 정량적 지표와 정성적 지표를 모두 사용하고 있다는 점이다. 정량적 지표는 두 가지 부문을 측정하는데 하나는 지적능력 향상을 측정하고, 다른 하나는 사회성 향상 정도를 측정한다. 지적능력의 향상은 경계선 지적능력을 가진 아동이나 경증 지적장애 아동의 지능지수가 향상되는 정도를 측정하는데 웩슬러 지능검사 Wechsler Scale of Intelligence를 사용한다. 사회성 향상 정도는 학교생활 적응도나 문제행동이 감소되는 정도를 측정하는데 SIB 사업 시행 전과 후의 교사평가척도TRF의 차이를 측정한다. 정성적 평가는 아동의 사회적 성숙도 향상을 측정하는 것으로 SSRS 방법을 사용한다.

④ 보상구조

〈표 5-5〉는 성과에 따른 SIB의 보상구조를 보이고 있다. 성공인원 비율에 따라서 성과보상률이 결정되고, 이에 근거하여 성과보상금이 지원된다. 이 SIB는 의도한 사회성과가 나타나지 않는 경우 원금을 모두 손해볼 수 있는 구조이다. 예를 들어, 성공인원 비율이 10% 이하인 경우에는 원금을 모두 잃을 수 있다. 31명에서 33명의 아동들이 위에 언급한 지표로 볼 때 성공을 거두면 원금만 돌려받고 그 이상의 경우에는 공식에 따라 수익률이 증가하여 41명이 달성된 경우 다음의 계산에서 보는 바와 같이 약 28%의 수익률을 달성할 수 있다.

$$\frac{100}{32} \times 41 - 100 = 28.1\%$$

그러나 42명 이상의 성과가 달성된 경우는 사업비의 1.3배까지 보상을 해주어 30%의 수익률 달성이 가능하지만 상한이 존재한다. 투자원금 이상의 수익액 상한은 3억 2,100만원인데 이는 사업비를 10억 7,000만원으로 계산할 때의 금액이다. 따라서 사업수행기관이 사업비를 과다하게 지출하면서 사업을 하는 경우에도 이익금 액수의 상한이 존재하므로 예산을 절감하면서 사업을 수행할 유인을 제공하는 것이다.

📑 표 5-5 서울시 SIB의 성과보상구조

성공인원 비율 (X, %)	성과보상률 (%)	성과보상금 (원)
X ≦ 10	−100	0
10 < X < 31	(100/32)×성공인원 비율 − 100	사업비×(1 + 성과보상율/100)
31 ≦ X ≦ 33	0	사업비
33 < X < 42	(100/32)×성공인원 비율 − 100	사업비×(1 + 성과보상율/100)
X ≧ 42	−	Min(사업비 + 3억 2,100만원, 1.3×사업비)

⑤ 기대효과

이 SIB 사업의 기대효과는 다음과 같다. 우선 SIB 사업의 목표가 사회문제의 해결을 위해 공공부문의 예산을 효율적으로 쓰면서 민간의 전문성과 창의성을 활용하는 것이라는 점에서 볼 때 동 사업이 성공하는 경우 상당한 정도의 예산 절감이 있을 것으로 예상된다. 〈표 5-6〉에서 보면 장애아동 1인당 생애주기 사회적 비용은 1억 4,896만 원 정도이다. 이는 장애아동을 돌보기 위한 연간 사회적 비용 892만원에 해당 아동이 퇴소 후의 평균 수급기간인 16.7년을 곱한 값이다. 기본인 32명의 아동들이 주어진 지표상 목표를 충족시켰다고 가정했을 때 총 47억 6,685만 원 정도의 사회적 비용이 들어간다. 그러면, 현재 이 SIB 사업의 재정 투입은 10억 7,000만원이기 때문에 총 36억 9,685만 원 정도의 예산 절감효과가 발생하는 것이다.

📑 표 5-6 서울시 SIB 사업의 예산 절감

구분	금액 (원)
1. 국민기초수급자인 장애아동 1인당 연 사회적 비용	892만
2. 시설 퇴소 후 1인당 생애주기 평균 수급기간	16.7년
3. 장애아동 1인당 생애주기 사회적 비용 (1×2)	1억 4,896.4만
4. 32명에 대한 사회적 비용 (1억 4,896.4만원 × 32명)	47억 6,684.8만
5. 32명 성공 시 보상금 액수 (투자원금만 보장)	10억 7,000.0만
6. SIB로 인한 사회적 비용 절감액 (4-5)	36억 9,684.8만

동 사업의 성공 여부를 떠나서 우선 SIB 사업에 대한 시도를 하고 경험을 했다는 사실이 중요하다. 이 과정에서 다양한 사회구성원들이 머리를 맞대고 사회적 문제를 해결하기 위한 노력을 하였고 자연스럽게 민·관·학이 협력하는 거버넌스 구조가 자리를 잡게 된다.

동 사업의 모형을 다른 사회문제를 해결하기 위한 사업에도 확대할 수 있다. 예를 들어, 가정폭력 예방사업, 학교 밖 청소년 지원사업, 노숙인 자립 지원사업, 어르신 자살 예방사업, 북한이탈주민 경제적 자립도 향상사업, 재소자 재범률 감소사업 등이다. SIB가 성공적으로 자리 잡을 경우 날로 부족해지는 공공부문의 재정 여력을 민간의 창의성과 효율성으로 보완하면서 중요한 사회문제를 해결해 나갈 수 있을 것이다.

⑥ 주요 포인트

서울시는 SIB 사업의 효과를 높이기 위해 SIB 발행과 관련된 환경 개선에 주안점을 두었는데, 이는 다음과 같다. 첫째, 평가기관 선정과 관련된 특혜 의혹 등 사업의 진정성을 해치고 예산을 낭비할 수 있는 여지를 없애기 위하여 독립적 평가기관을 선정하였다.

둘째, SIB가 아시아에서 처음으로 발행되기 때문에 법과 제도가 마련되어 있지 않았는데 이를 정비하였다. 효과적으로 공공사업을 수행하기 위해서는 관련 근거 및 법이 중요한데 이를 위하여 서울시 사회성과 보상사업 운영조례를 제·개정하였다. SIB 개념 정의를 추가하였고, 성과보상금액을 예산에 반영할 수 있도록 법적 근거를 마련하였다.

셋째, SIB는 사회적, 재무적 성과를 동시에 추구하기 때문에 이 두 부문에 대한 전문성이 필요하다. 예를 들어, 사업의 사회적 타당성, 경제적 타당성, 성과지표, 성과기준, 프로그램 지표, 기대효과 검증 등과 관련하여 높은 수준의 이해가 요구된다. 이를 확보하기 위하여 서울시는 전문가 간담회, 학술연구 등을 수행하여 프로그램의 타당성을 검토하였다.

넷째, 공공부문의 사업 수행 시 항상 문제가 되는 것이 한정된 지식에 근거한 탁상행정을 하는 것이다. 이를 극복하고 SIB 사업의 효과를 높이기 위하여 서울시는 다양한 의견을 청취하고, 외부 전문가와 관계자들의 의견을 반영하기 위하여 노력하였다.

⑦ 서울시 SIB에 대한 비판

SIB 투자는 서비스제공자service provider들이 사회에 좀 더 유익한 성과를 낼 수 있도록 도와주는 투자유인체계이다. 따라서 서비스제공자의 역량이 매우 중요한데 SIB 투자를 위해 억지로 서비스제공자를 만들어 정부와의 위탁계약을 성사시키려 하는 것은 문제가 있다. 이상적으로는 서비스제공자의 우수한 프로그램이 존재해야 하는데 서울시 SIB의 경우 한국사회투자가 스스로 서비스수행자를 만들려 한 것은 무리가 있다. 더구나 업력이나 경험도 없는 한국사회투자가 사업의 총괄조정자 역할을 한 것도 무리가 있다.

사회성과impact가 아닌 산출output에 집중한 평가체계의 문제도 있다. 이 SIB는 웩슬러 검사를 통해 경계선 아동을 대상으로 숫자외우기, 산수문제, 모양 맞추기 등의 검사를 수행하고, 그 결과를 바탕으로 투자자는 원금손실에서부터 최대 연 10%에 달하는 보상을 받게 된다. 문제는 과연 웩슬러 검사가 객관적인 평가지표인가, 그리고 웩슬러 검사 결과가 과연 경계선 아동의 이후 사회적응에 유의미한 인과관계를 가지는가 하는 점이다. 만일, 유의미한 인과관계가 존재하지 않는다면 SIB가 정부의 예산 절감에 도움이 되지 않을 수도 있다.

5) 기타

그 외 포르투갈에서는 2015년 2월 벨기에, 네덜란드, 독일에서 이미 시행 중인 청소년 대상 프로그래머 양성 교육 프로그램을 가동하였는데 이 사업에 필요한 자금을 사회혁신채권을 발행하여 조달한 바 있다. 캐나다와 이스라엘도 사회성과채권의 도입을 고려 중이다. 또한 Center for Global Development와 Social Finance는 국제개발성과를 높이기 위하여 SIB 아이디어를 변형하여 Development Impact Bonds ᴅɪʙ 모델을 개발하고 있다.

4. SIB 제도 도입의 기대효과

사회성과연계채권을 도입하면 다양한 참여자들이 이점을 누릴 수 있다. 우선 정부는 시장에서 검증받은 서비스제공자와 함께 SIB 프로그램을 수행함으로써 공공서비스 사업의 전문성과 효율성을 제고할 수 있다. 이때 중요한 것은 정부가 SIB 사업을 할 만한 주체를 공공적 목적을 위한다는 목표 아래 인위적으로 개발하는 것이 아니라 이미 민간에 전문성과 독립성이 확보된 서비스제공자가 있고, 정부는 이들의 역량을 활용하기 위하여 단순히 이들과 SIB 계약을 맺는 것이다. 둘째, 투자자는 사회적 성과를 높이면서도 일정 부분 투자수익을 달성할 수 있게 되어 이중으로 만족을 느낄 수 있다. 셋째, 납세자는 자신들이 낸 세금이 SIB 프로그램을 통해 좀 더 효율적으로 사용되므로 정부의 예산 낭비가 줄어 장차 세금액이 줄어드는 효과를 누릴 수 있다. 넷째, 서비스제공자는 SIB를 통해 투자자금을 장기적으로 제공받기 때문에 수행하고자 하는 사회적 역할 내지 서비스의 안정적 운용이 가능하다. 다섯째, 금융산업은 과거와 같은 탐욕적 이미지를 탈피하고 사회개혁의 주체로서의 활동가능성을 열어 금융산업의 이미지와 위상을 개선할 수 있다. 마지막으로, 사회·경제 전반적으로 좀 더 효과적으로 사회적 서비스가 제공됨으로써 사회문제가 줄어들고 좀 더 안락한 사회 분위기를 조성할 수 있게 된다.

5. SIB 제도 적용 시 고려사항

사회성과연계채권을 도입할 때 유의할 점은 다음과 같다. 첫째, 서비스수행자service provider도 중요하지만 투자자도 고려하는 SIB가 되어야 한다. 즉, SIB는 서비스수행자를 도와 진정으로 프로그램 참여자들이 효율적이고 효과적인 사회성과를 낼 수 있도록 디자인되어야 하고, 이로 인해 사회적 투자자들의 수익을 창출함으로써 이 투자자들이 지속적으로 SIB에 투자할 수 있는 환경을 조성해야 한다.

둘째, SIB가 통상 사회성과채권이라고 불리지만 이것이 사회성과연계투자계약임을 강조하여야 한다. 왜냐하면 실무적으로 볼 때 SIB의 서비스제공자들이 비영리사단, 비영리법인, 비영리민간단체인 경우가 많을 것인데 이러한 비영리단체들은 우리나라 법상 채권이나 주식을 발행하는 방법으로 민간으로부터 자금을 조달하기 어렵기 때문이다. 이 경우 비영리법인은 투자계약의 방법을 통해사모의 방식 SIB 투자자로부터 자금을 조달함으로써 SIB 프로젝트를 수행할 수 있다. 자본시장법상 투자계약증권은 증권을 포괄하려는 목적으로 만들어진 개념으로 과거에 인터넷을 통해 투자를 받는 영화펀드들을 규제하고자 하는 목적으로 등장했다. 당시 증권법에는 증권의 정의를 열거식으로positive system 했기 때문에 영화펀드를 규제할 마땅한 증권 형태에 대한 조항이 없었다. 이러한 상황을 타개하기 위해 모든 '기타' 증권을 포괄하는 투자계약의 개념이 논의된 것이고, 이를 활용하면 현행법하에서도 SIB의 발행이 가능하다.

셋째, SIB 사업으로부터 사회적 성과가 창출되고 이를 측정하기 위해서는 상당한 기간이 소요되기 때문에 위탁기간과 관련한 법 개정이 필요하다. 정부와의 위탁계약은 재위탁위탁기간 연장의 경우를 제외하고는 통상 1년 혹은 2년 단위로 계약을 하며, 길어야 3년의 위탁기간을 가진다. 이는 장기의 SIB 프로그램을 수행하는 데에 치명적인 장애로 작용하므로 이에 대한 법적 보완이 요구된다.

　마지막으로, SIB 투자를 활성화하기 위해서는 이러한 투자에 대한 여러 가지 세제혜택을 줄 필요가 있다. 이미 중소기업 및 벤처기업 중심으로 시행되고 있는 다양한 세제혜택이 있기 때문에 이를 SIB에 맞게 수정하여 적용하면 큰 문제 없이 달성할 수 있을 것이다. 또한 서비스제공자에 대한 투자로 인해 손실이 발생할 경우 이를 단순 '손실금'이 아니라 '기부금'으로 인식하여 추가 공제를 받을 수 있도록 하는 등 사회적 활동에 대한 획기적인 제도도 고려해볼 만하다. 그 이유는 SIB 프로그램이 사회적 문제점에 대해 선제적으로 대응함으로써 다양한 사회적 문제를 미연에 방지하고 정부의 사후적 대처 비용을 줄이기 때문에 충분히 명분이 있기 때문이다.

탐스슈즈 (TOMS Shoes)

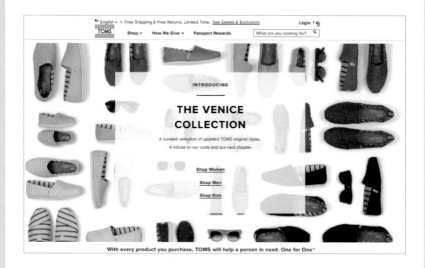

블레이크 마이코스키Blake Mycoskie는 2006년 아르헨티나 여행 중 가난해서 신발이 없는 아이들이 거칠고 오염된 땅을 맨발로 다니는 것을 목격하였다. 아이들은 상처가 난 부위에 상피병을 앓고 있었고, 기생충이 피부를 뚫고 들어와 기생충에 감염되어 있었다. 더구나 신발이 학교 교복의 일부분이어서 신발이 없으면 학교에 다니기 어려워 교육의 기회가 박탈되는 경우도 있었다. 마이코스키는 아이들에게 지속적인 도움을 주고 싶었고, 이에 현지인 알레호 니티Alejo Nitti가 동참하면서 2006년 6월 탐스슈즈를 창업하였다. 본사는 미국 캘리포니아로스앤젤레스에 있다.

탐스슈즈는 '내일을 위한 신발Shoes for Tomorrow'이라는 슬로건을 내걸고 창업 초기부터 일대일 기부를 핵심 이념으로 삼았다. 아르헨티나 전통 신발인 '알파르

가타'에서 영감을 얻어 가볍고 편한 디자인의 신발을 만들었는데 소비자가 신발 한 켤레를 구매하면 제3세계 어린이에게 신발 한 켤레가 기부되도록 하여 대의 마케팅Cause Marketing의 대표적 사례로 꼽힌다. 즉, 신발 한 켤레의 매출이 일어나면 제3세계 빈곤국 현지의 기후와 지형, 아이들의 상황을 고려하여 다양한 형태의 기부용 신발이 한 켤레 기부된다.

탐스슈즈는 신발의 기부를 위해 정기적인 슈드랍Shoe Drop 행사를 열고 있다. 2006년 초에는 단지 200켤레를 기부하는 것을 목표로 삼았으나, 2006년 내에 이미 10,000켤레를 돌파하였고, 2009년 400,000켤레, 2010년 4월 600,000켤레에 이어 2010년 10월에는 처음으로 1,000,000켤레의 신발을 기부하였다. 지역적으로도 시행 초기에는 아르헨티나에서만 슈드랍 행사를 하였으나 이후 다른 국가들에서도 행사를 진행하여 현재는 아프리카, 아메리카, 아시아의 20여 개국에서 슈드랍 행사가 열리고 있다. 또한 탐스슈즈는 2008년부터 신발 없이 생활하는 어려움을 느끼는 체험교육을 위하여 '신발 없는 하루 캠페인'을 벌이고 있는데, 데미 무어, 크리스틴 벨, 조나스 브라더스와 같은 유명 할리우드 배우들도 이 행사에 참여한 바 있다.

기부의 영역도 확대되어 현재는 신발을 포함하여 시력, 물, 출산지원으로 기부 활동을 확장하였다. 시력 분야는 TOMS 아이웨어 안경의 1개 매출이 일어나면 다른 한 사람이 시력을 찾도록 도움을 준다. 수혜자는 수술 의료적 처치와 안경 처방 중 하나를 선택할 수 있다. 물 영역은 소비자가 커피 제품 하나를 구매할 때마다 제3세계에 깨끗한 물을 공급할 수 있도록 도움을 준다. 출산지원은 고객이 가방 하나를 구매할 때마다 조산사 교육과 출산 키트를 통해 산모의 안전한 출산을 돕는다.

이러한 활동을 통해 탐스슈즈는 사회적으로 상당한 영향력을 끼치고 있다. 기부할 신발의 현지 생산을 통해 700명 이상의 일자리를 창출하였고, 탐스슈즈의 지원으로 20개 이상의 사회지원단체가 생성되었으며, 200만 명 이상의 어린이가 신발과 의약 처방으로 기생충으로부터 해방되었다. 신발 보급으로 엄마들의 보건교육 참여율이 42% 증가하였고, 13개국의 445,000명이 시력을 회복하였으며, 3개국의 산모 7만여 명의 안전한 출산에 도움을 주었다. 또한 7개국에 400,000주 동안 쓸 수 있는 깨끗한 물을 기부하였다.

위키백과, 탐스슈즈, https://ko.wikipedia.org/wiki/%ED%83%90%EC%8A%A4%EC%8A%88%EC%A6%88.

사람을
위한 금융

사회적
금융의 혁신

사회적 금융 분야는 가장 자본주의적인 금융을 통해 사회적 문제를 해결하고자 하는 것이기 때문에 서로 상충되는 두 가지 측면을 조화시켜 성공을 이끌어내기 위한 창의와 혁신이 특히 요청된다. 다음에서는 지금까지 시도된 여러 가지 혁신 노력 중에서 대표적인 몇 가지를 살펴본다. 논의에서 발견되는 중요한 혁신점들은 사회적 금융 분야에서 향후 효과적인 다른 기제들을 발굴하는 데 좋은 시사점들을 제공할 것이다.

제**6**장

사회적 **투자 펀드**

제6장

사회적 투자 펀드

1. 사회적 투자 펀드란?

전통적인 자선이나 기부는 사회적 약자나 낙후지역을 돕는 데 즉시적인 효과가 나타나기는 하나, 그 효과가 단기에 그치고 지속적으로 사업의 효과를 담보하기는 어렵다. 이러한 단점을 극복하기 위하여 공공부문이나 시민단체의 공공성과 시장의 효율성을 결합하여 사업의 재정적 지속가능성을 살리면서도 사회적 성과를 높이는 방법 중의 하나가 사회적 투자 펀드이다.

사회적 투자 펀드는 〈그림 6-1〉에서 보는 바와 같이 사회적 사업에 투자하는 벤처캐피탈의 성격을 띤다. 우선, 자선사업가, 개인, 재단, 민간기업 등으로부터 자선기금을 모금한다. 그리고 이 자금을 직접 특정 사업에 투입하는 것이 아니고, 빈곤층 및 낙후지역을 대상으로 상품 및 서비스를 제공하는 사회적 사업가를 선별하여 이들에게 투자하는 것이다.

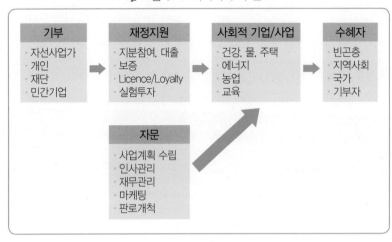

그림 6-1 사회적 투자 펀드

일반적으로 사회적 사업가들은 이윤추구만을 위한 시장이 실패한 영역에서 창의성과 예리하고 사려 깊은 통찰력으로 사업을 창조하고 이를 지속하기 위한 방법을 고안한다. 그러나 이때 결정적으로 부족한 것이 사업을 시작하기 위한 자금이다. 사회적 투자 펀드는 이러한 자금을 지원함으로써 사회적 문제를 해결하는 데 기여한다. 그런데, 이 연결고리가 사회적 투자 펀드의 혁신점이다. 즉, 사회적 투자 펀드는 자금을 모집하는 데 특화하고, 사업은 사회적 문제를 잘 알고 경험이 풍부하며 문제에 대한 해결책을 가지고 있는 사회적 사업가들에게 맡기는 것이다.

2. 펀드 지원 방식

사회적 투자 펀드의 재정적 지원은 다양한 형태로 이루어진다. 우선 〈표 6-1〉에서 보는 바와 같이 사업에 대한 지분 참여를 하여 사업의 주체로 주요 의사결정에 참여할 수 있다. 지분 참여는 보통주나 우선주를 매입하는 형태가 될 수도 있고, 상황에 따라 지분증권으로 전환할 권리가 부여되어 있거나 수익에 참여할 수 있는 조건부 후순위채 등의 준자본 형태를 띨 수도 있다. 대출 방식은 사업이나 기업의 운영은 사회적 사업가에게 맡기고 이들이 스스로 사업을 끌고 나갈 만한 자기자본을 축적할 때까지 사업의 출발에 필요한 자금을 빌려주는 것이다. 보증은 은행 등 타 금융기관으로부터 사회적 기업이 자금을 빌릴 때 이에 대한 지원자의 역할을 함으로써 해당 사회적 기업의 자금조달 비용을 낮추어주는 것이다. 그 이외에 사업과 관련한 중요한 지적 재산권이 발생하는 경우 이의 개발과 등록을 위한 비용을 지원하고, 실험투자가 필요한 경우 연구개발 비용을 지원하기도 한다.

📋 표 6-1 재정지원 형태

형태	내용
지분 참여	・자본: 보통주, 우선주 ・준자본: 조건부 후순위채권(전환주, 수익연계 등)
대출	자기자본 축적 전 기업 및 사업 지원
보증	은행 등 타 기관으로부터의 대출 보증
Licencing Fee/Loyalty	지적 재산권 개발 등록 지원
실험투자	연구개발 재원 지원

　재정적 지원뿐만 아니라 사회적 투자 펀드는 〈그림 6-1〉에서 보는 바와 같이 해당 펀드의 인적·물적 네트워크를 활용하여 사업계획 수립, 필요 인력 고용, 향후 자금계획 수립, 최종 생산물의 판로개척 등에 대해 경영자문을 수행한다. 즉, 단발성으로 자금지원만 하고 끝나는 것이 아니라 투자한 사업이 성공하여 사회적 성과를 창출하고 동시에 투자한 자금도 회수할 수 있도록 지속적으로 관심을 기울이는 것이다.

사업의 성과가 창출된 이후에는 해당 사업으로부터의 재정적 상환 현황과 함께 사회적 영향력을 면밀하게 측정하여 해당 사업의 성공 여부를 평가하고 향후 타 사업에 대한 기초자료를 축적한다.

3. 사례(Acumen)

1) 설립 및 조직

사회적 투자 펀드의 대표적 사례는 재클린 노보그라츠Jacqueline Novogratz가 2001년 4월 1 일 당시 그녀가 참여했던 벤처 연구모임 멤버

들과 설립한 Acumen Fund이다. 사회변화를 염원하는 사회적 벤처 캐피탈 형태로 발족했는데, 록펠러 재단Rockefeller Foundation, 시스코 재단 Sysco Foundation, 켈로그 재단Kellogg Foundation 등 20개 기업 및 재단, 개인이 설립 파트너로 참여하였다. 그 이후 빌과 멀린다 게이츠 재단Bill & Melinda Gates Foundation, 스콜 재단Skoll Foundation, 구글Google, 시스코 Sysco, 코카콜라가 참여하였다. 지금은 이름이 Acumen으로 바뀌었고, 뉴욕에 본부를 두고 있으며 샌프란시스코, 런던, 콜롬비아의 보고타 Bogota, 인도의 뭄바이Mumbai, 파키스탄의 카라치Karachi, 케냐의 나이로 비Nairobi, 가나의 아크라Accra에 지부를 두고 있다.

2) 자금지원 방식

Acumen Fund에서는 기부자를 파트너라고 부르는데 사회를 바람직한 방향으로 이끄는 데 동참하는 중요한 사람이나 기관이라는 점을 강조하는 것이다. 기부금액에 따라 7등급으로 분류를 하는데 각 등급은 명칭과 수행하는 사업에 차이를 두고 있다. 기부된 자금은 건강, 물, 주

택, 대체에너지, 농업, 교육, 빈곤타파 등을 대상으로 하는 사회적 기업이나 사업의 초기 투융자 자금으로 사용되는데, 사회적 기업의 선정기준은 〈표 6-2〉와 같다.

📑 표 6-2 Acumen의 사업 선정기준

기준	내용
사업가	해당 사업에 대한 충분한 지식, 경험, 열정이 있는가?
영역	중요한 사회 문제를 해결하는 사업인가?
영향력	사업의 시행으로 영향받는 사람 및 지역의 범위가 충분히 큰가?
재원의 활용도	지원되는 재원의 효과적 활용을 위한 계획이 서 있는가?
지속가능성	사업의 시행 이후 재무적 지속가능성이 있는가?

무엇보다도 중요한 것은 해당 사회적 기업을 설립하고 운영하는 사람이다. 사회적 사업가는 해당 사업에 대한 충분한 지식과 경험이 있어야 하고, 사회적 문제를 해결하기 위한 열정이 있어야 한다. 당연히 해당 사업은 중요한 사회 문제를 해결하기 위한 사업이어야 하고, 추가적으로 중요한 것은 사업의 시행으로 영향받는 사람 및 지역의 범위가 충분히 커서 상당한 정도의 사회적 성과를 이룰 수 있어야 한다는 점이다. 또한 사업의 성공을 위해 지원되는 재원의 효과적 활용을 위한 계획이 서 있는지 여부, 그리고 사업이 시행된 이후 재무적 지속가능성을 담보할 수 있는지의 여부가 중요한 사업 선정기준이 된다.

지원금액은 사업의 규모에 따라 30만~250만 달러 정도인데, 공동투자, 지분 참여, 대출, 보증, 라이선싱 비용licencing fee, 로열티loyalty, 실험투자 또는 이들의 혼합형태로 지원된다. 일단 사회적 투자가 이루어지면 파생적으로 해당 사회적 문제 해결에 관심이 있는 정부나 단체, 기업의 지원금이 추가로 투자되는 경향이 있는데, Acumen의 경우 1달러 투자가 이루어지면 평균적으로 5달러의 추가 투자가 이루어지는 것으로 평가된다. 사회적 기업의 성과가 나타나기까지는 상당한 시간이 소요되는데, 투자 후 회수기간은 보통 7~10년이다. 투자에 대한 성급한 회수를 지양하고 장기적으로 사업의 성공을 지원하고 기다린다는 의미에서 이러한 자금을 인내자본patient capital이라고 부른다. 사업의 수행 이후에는 해당 사업의 성과를 홍보하고 성공 사례를 축적하는데, 이는 미래의 추가 기부를 유발하는 효과적 방법이다.

3) 활동 및 실적

설사 자금이 성공적으로 조달된다고 할지라도 조달된 자금을 투자할 적합한 사회적 기업을 찾는 일은 또 다른 어려운 과제이다. Acumen의 첫 투자는 인도 마두라이에서 고빈다파 벤카타스와미Govindappa Venkataswamy가 설립한 아라빈드 안과 병원이었다. 벤카타스와미는 국립병원 퇴직 후 가난한 사람들이 무료 또는 매우 저렴한 비용으로 안과진료를 받을 수 있는 청결하고 조직화된 형태의 병원을 운영하길 소망하였다. 이에 힘을 보태기 위해 노보그라츠가 직접 현지를 방문하여 벤카타스와미를 만나 그의 역량 및 열정, 그리고 운영상황을 확인한 후 원격의약처방장비 설치비용을 무상으로 증여하였다. 이는 무상이기 때문에 투자의 예는 아니다. 그러나 이후 아라빈드 병원은 지속적으로 성장하여 연 15만 명의 인원이 치료를 받고, 이 중 2/3는 무료 또는 거의 무료에 가까운 비용으로 진료를 받는 세계적 병원으로 발전하게 된다. 아라빈드 병원은 진료비뿐만 아니라 의료용품 비용도 낮추기 위해 노력한다. 일례로 백내장 수술 인공수정체를 자체 개발하였는데 가격이 기존 인공수정체의 1/10밖에 되지 않는다. 유명 의료업체가 이 기술을 매각하길 종용하였으나, 그렇게 되면 가난한 사람들이 치료받는 비용이 높아진다는 이유로 거절하였다.

Acumen의 또 다른 투자의 예로 아프리카의 모기장 지원사업을 들 수 있다. 전 세계적으로 매년 말라리아로 200만 명 이상이 사망하는데 말라리아 환자의 90%가 아프리카인이고 이 중 75%가 여성, 어린이에 집중되어 있다. 기존의 폴리에스터 모기장은 잘 찢어지고 기능이 불충분하여 말라리아의 예방에 비효과적이었다. 그러나 일본의 스미토모 화학이 개발한 모기장은 반영구적이며 기능도 좋아서 이 기술을 활용하면 아프리카에 상당한 도움을 줄 수 있었다. Acumen은 2003년 4월 탄자니아의 한 섬유업체인 에이투제트사A to Z Textile Mills Limited의 아누즈라는 사업가에게 말라리아 예방을 위한 모기장 제조용 기계 설치 및 새로운 기술을 아프리카로 들여오는 데 드는 비용을 대출하였다. 이로 인해 이 회사는 7,000명 이상의 고용을 창출하였고 연 2,000만 장 이상의 모기장을 생산하여 전 세계 살충처리 반영구 모기장 생산량의 10% 이상을 차지하는 회사로 발전하였다. 아프리카의 가난한 사람들에게는 모기장 하나만 있어도 생명의 위협에서 벗어날 수 있고, 육체적 건강과 삶의 질이 월등히 향상된다. 생명은 곧 노동력이기 때문에 말라리아로 인한 노동력 손실의 방지는 소득 향상으로 이어지고, 높아진 소득수준은 자녀들에 대한 교육 투자로 이어질 수 있는 것이다.

　최근까지 Acumen은 아프리카, 파키스탄, 인도, 남미, 미국 등지의 100개가 넘은 기업에 총 1억 달러 이상을 투자하였고 이 중 2,200만 달러의 자금이 다시 Acumen으로 회수되었다. 또한 Acumen의 투자와 함께 5억 2,200만 달러의 추가 투자 및 공동투자 자금이 조달되어 Acumen의 1달러 투자는 5달러의 추가 투자를 창출하여 그 영향력이 5배로 증가하게 된다. 그리고 Acumen은 2006년 Acumen 동지Acumen Fellows 프로그램을 개발하여 매년 25~45세 연령대의 10명 내외의 젊은 이들을 교육하고 있다. 세계 각국에서 지원자가 모여드는데 이들은 현재 사회적 사업가로 활동하고 있는 사람도 있고, 향후 사회적 문제를 해결하기 위한 포부를 가진 사람들도 있다. 이 프로그램은 매우 경쟁률이 높고 선발된 인력 자체가 우수하기 때문에 이들에 대해 물적 기술적 지원을 추가함으로써 효과적으로 우수한 사회적 인재를 배출해 내고 있다. 또한 동아프리카, 파키스탄, 인도의 지역 동료 프로그램은 1년 과정으로 해당 지역의 사회변화 프로젝트를 운영하고 있는 지역의 지도자들을 대상으로 한다. 이러한 다양한 활동과 사회에 대한 기여를 인정받아 2015년에는 Acumen이 가장 빠르게 성장하고 가장 혁신적인 비영리기업 10개 중의 하나로 선정되기도 하였다.

4) 재무성과

Acumen은 자신들이 지원하는 사회적 기업이나 사업의 지속가능성을 중요시한다. 그렇다면 Acumen 스스로의 지속가능성은 어떨까? 〈표 6-3〉은 Acumen의 2011년부터 2016년까지의 재무상태표, 손익상황, 현금흐름표를 보이고 있다.

📑 표 6-3 Acumen의 재무적 성과

▷ **재무상태표**   (단위: 천 달러)

구분	2011	2012	2013	2014	2015	2016
운영자산	66,681	59,022	63,296	62,772	57,025	58,760
포트폴리오 자산	35,971	43,993	43,928	45,393	57,908	65,545
총자산	102,652	103,015	107,224	108,165	114,933	124,305
부채	6,490	6,703	5,845	6,160	7,336	7,035
비제한 지분	69,684	75,190	78,640	76,750	80,828	85,365
잠정 제한 지분	26,478	21,122	22,739	25,255	26,769	31,904
총순지분	96,162	96,312	101,379	102,005	107,597	117,270
부채와 순지분	102,652	103,015	107,224	108,165	114,933	124,305

◎ 수익과 비용

단위: 천 달러

수익	2011	2012	2013	2014	2015	2016
영업 수익	18,555	13,399	17,048	20,545	26,819	32,773
포트폴리오 수익(손실)	−1,426	−526	−3,672	−4,936	−1,565	−3,201
총수익	17,130	12,874	13,376	15,609	25,254	29,572
비용	2011	2012	2013	2014	2015	2016
프로그램 비용	9,339	9,184	8,556	10,576	13,173	14,945
지원 비용	3,305	3,491	4,422	4,913	5,484	4,975
총비용	12,644	12,675	12,979	15,489	18,657	19,919
순자산 변화	6,563	150	5,067	626	6,472	9,673

◎ 현금흐름표

단위: 천 달러

구분	2011	2012	2013	2014	2015	2016
영업활동으로부터의 현금흐름	9,709	1,671	12,965	1,039	4,567	17,531
투자활동으로부터의 현금흐름	−3,577	−5,668	−4,341	−5,092	−14,210	−12,776
재무활동으로부터의 현금흐름	−	−	−233	−	−	−647
순현금증가	6,132	−3,997	8,391	−4,053	−9,643	4,108

2016년 기준으로 볼 때 Acumen의 총자산은 1억 2,430만 달러 정도이고 이 중 운영자산이 5,876만 달러, 포트폴리오 자산이 6,555만 달러이다. 부채가 700만 달러 정도로 매우 적어 아주 건실한 재무상태를 보이고 있다. 수익은 2,957만 달러이고 총비용은 1,992만 달러로 손익구조도 매우 양호하다.

현금흐름표를 보면 영업활동으로부터의 현금흐름이 1,753만 달러인데 이 중 1,278만 달러를 투자에 사용하였다. 사기업 기준으로 보면 중소기업규모에 해당하지만, 가난한 사람들을 위한 투자 측면에서는 상당한 규모의 재원이다.

〈표 6-4〉와 〈그림 6-2〉는 과거 6년간의 총자산의 변화를 보이고 있다. 해마다 등락이 있기는 하지만 연평균 3.9%로 꾸준한 성장세를 보이고 있다.

📋 표 6-4 총자산의 변화

(단위: 천 달러, %)

연도	2011	2012	2013	2014	2015	2016	평균
총자산	102,652	103,015	107,224	108,165	114,933	124,305	
총자산증가율		0.4	4.1	0.9	6.3	8.2	3.9

🖼 그림 6-2 총자산의 변화

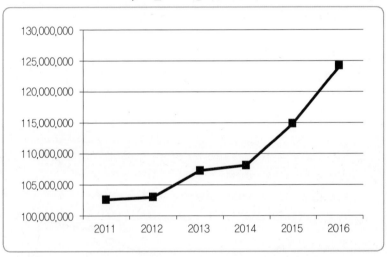

〈표 6-5〉와 〈그림 6-3〉은 동 기간의 수입과 비용의 변화를 보이고 있다. 수입과 비용 역시 꾸준한 증가세를 보이고 있는데 수입의 연평균 증가율이 14.9%로 비용 증가율 9.8%에 비해 월등히 높다. 수입 대비 비용의 비율을 보면 2012, 2013, 2014년의 경우 비용이 수입의 97% 이상을 차지하여 수입을 다 소진할 정도의 비용 수준을 보였으나 평균적

으로는 87.2%의 비율을 보여 충분한 수입이 확보되고 있다. 전체적으로 볼 때 Acumen은 자신이 투자하는 사업들의 지속가능성을 강조할 뿐만 아니라 자신도 지속가능성을 확보하면서 활동하고 있는 것으로 판단된다.

📋 표 6-5 수입 대비 비용

(단위: 천 달러, %)

	2011	2012	2013	2014	2015	2016	평균
수입	17,130	12,874	13,376	15,609	25,254	29,572	18,969
		−24.8	3.9	16.7	61.8	17.1	14.9
비용	12,644	12,675	12,979	15,489	18,657	19,919	15,394
		0.2	2.4	19.3	20.5	6.8	9.8
비용/수입	73.8	98.5	97.0	99.2	73.9	67.4	87.2

📋 그림 6-3 수입 대비 비용

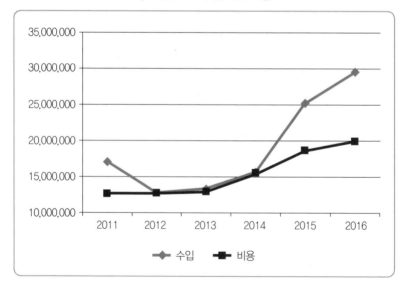

사람을 위한 금융

재클린 노보그라츠
(Jacqueline Novogratz)

르완다 키갈리Kigali의 어떤 거리에서 자신의 몸에 맞지도 않는 파란 스웨터를 입고 있는 한 아프리카 소년이 그녀의 눈에 들어왔다. 당시 그녀는 국제금융기관 설립을 지원하기 위해 아프리카에 머물고 있었다. 스웨터에는 아프리카와 어울리는 풍경이 그려져 있었는데 너무 눈에 익숙해서 그녀는 그 소년에게 다가가 어디서 그 스웨터를 얻었는지 물어보며 스웨터 뒤의 상표를 살펴보았다. 10년 전 적어 놓은 자신의 이름이 또렷이 쓰여 있었다. 그 스웨터는 친척 아저씨가 당시 고등학생이었던 그녀에게 선물로 주신 것이었다. 그러나 그 스웨터를 입고 학교에 갔을 때 친구들의 놀림이 계속되었고 마침내 그녀는 그 스웨터를 굿윌Goodwill이라는 미국의 자선단체에 갖다 주었었다. 그런 물건이 지금 대서양 너머 아프리카의 한 작은 내륙국의 소년이 입고 있는 것이었다. 이 우연한 사건은 그녀로 하여금 세상 사람들이 각각 살아가는 것 같지만 서로 깊이 연결되어 있다는 사실을 가슴 깊이 느끼게 하였다.

당시 그녀는 편안하고 장래가 보장된 국제 은행가로 일하고 있었으나 항상 자신이 하고 있는 일과 사람들을 돕고자 하는 이상 사이에서 번민하고 있었다. 결국 그녀는 미국 굴지의 상업은행인 체이스맨해튼 은행에서 아프리카개발은행으로 자리를 옮겼고, 여러 지역에 위치한 아프리카개발은행의 조직과 지부를 돌며 저개발국가를 지원하기 위한 금융 활동의 경험을 쌓았다. 또한 세계은행과 유니세프UNICEF의 아프리카 자문 인력으로 활동하며 1980년대 말 르완다 최초의 마이크로파이낸스 기구인 Duterimbere의 설립에 공헌하였다. 이후 그녀는 미국으로 돌아가 향후 하고자 하는 일들에 대한 체계적 지식을 쌓기 위하여 스탠포드 경영대학원에서 공부하였고, 졸업 후 록펠러 재단의 특별연구원으로 선임되어 사업가들을 대상으로 자선사업 워크숍을 진행하였다.

그러나 자선사업 워크숍을 진행하면서도 그녀의 머리에서 떠나지 않은 것은 전통적 자선보다 더 나은 방식에 대한 생각이었다. 자선활동은 금방 어려운 사람들이나 지역을 도와줄 수는 있지만 단기적이고 지속성을 담보하기 어렵다. 이를 극복하기 위해서는 시장과 자선의 중간 지점에서 시장의 효율성을 살리면서 가난한 사람들과 지역에 서비스를 제공하는 기업이나 사업가들에게 투자하는 것이 필요했다. 마침내 그녀에게 기회가 왔다. 1999년 말 록펠러 재단 사무실에서 그녀는 신임 총재인 고든 콘웨이Gordon Conway 경에게 이러한 그녀의 구상을 설명했고 록펠러 재단은 그녀의 계획을 구체화하는 데 동참하기로 결정한다. 20년 국제적 상업은행에서 민간금융 부문의 다양한 경력을 쌓았고, 아프리카개발은행의 경험으로 아프리카 사정에도 밝으며, 무엇보다도 가난한 사람들을 돕고자 하는 열정으로 똘똘 뭉친 그녀는 최적의 선택이었다. 그녀는 즉시 자선사업 워크숍 회원들을 중심으로 연구 모임을 결성했고, 그 결과물로 자선을 투자로 전환시키기 위한 Acumen Fund를 창립한다.

사회적 사업가로서의 노보그라츠의 공헌 및 영향력은 그녀가 받은 수많은 상들로도 증명된다. 대표적으로 Ernst & Young Entrepreneur of the Year 2008, Foreign Policy's Top 100 Global Thinkers 2009, Women of Concern Humanitarian Award 2012, Bloomberg Markets 50 Most Influential in Global Finance 2014, 25 Most Successful Stanford Business School Graduates of All time 2014, Forbes Lifetime Achievement Award 2016 등을 수상했다.

Jacqueline Novogratz, Acumen Founder And CEO, https://acumen.org/jacqueline-novogratz/.

사람을
위한 금융

제**7**장

이자를 받지
않는 은행

제7장

이자를 받지 않는 은행

자본주의 사회에서 돈을 빌려 주면서 돈을 빌려 준 대가를 받지 않을 수 있을까? 게다가 현대 투자론은 위험한 자산에 투자를 하는 경우 위험 프리미엄 risk premium 이 높아져  야 함을 당연한 사실로 가르치고 있다. 은행의 입장에서 보면 자금력이 있는 사람보다 가난한 사람에게 대출할 때 더 높은 이자를 부과할 수밖에 없다. 왜냐하면 가난한 사람들은 대출을 갚지 못할 가능성이 높아 이에 대한 위험 프리미엄이 높아지기 때문이다. 그렇다면 가난한 사람들은 대출을 받을 때 더 높은 이자가 책정되고 더 높은 이자를 갚아야 하기 때문에 부유한 사람들보다 점점 더 가난하게 될 것이다. 이러한 자본주의의 논리를 반박하며 이자를 받지 않는 금융기관이 있다면 믿을 수 있겠는가? 스웨덴의 JAK 협동조합은행 JAK Medlemsbank 은 이자를 받지 않음으로써 자본주의 사회에서 더 어렵고 가난한 사람들이 금융서비스에서 소외되지 않도록 하는 노력을 하고 있다.

1. 왜 무이자 대출인가?

　JAK 협동조합은행이 이자를 받지 않는 이유는 다음과 같다.

　첫째, 이자는 돈의 사용에 대한 대가인데 돈을 빌려주는 것은 실질적으로 재화나 서비스가 제공된 것이 아니기 때문에 이에 대해 대가를 지불하는 것은 정당하지 않다는 것이다. 예를 들어, 임금은 물건이나 서비스를 창출하기 위해 노동이라는 인적 자원을 제공한 대가로 받는 것이기 때문에 정당하지만, 이자의 경우에는 실질적으로 힘들여 재화나 서비스를 제공하는 것이 아니고 단순히 돈만 빌려 주는 것이기 때문에 이자를 받는 것은 비윤리적이라는 것이다.

　둘째, 이자는 물가 상승이나 실업을 야기할 수 있고 또는 환경을 파괴할 수도 있다는 것이다. 돈을 빌려 쓴 생산자의 입장에서 보면 이자를 갚기 위해 그만큼 제품의 가격을 올려야 하고 이는 물가 상승을 부추긴다. 제품의 가격을 올리지 않는다면 비용을 줄여야 하는데 이 경우 고정비나 재료비는 줄이기가 쉽지 않으므로 상대적으로 비용 절감이 용이한 노동비를 줄일 것이며 이는 실업을 초래한다. 만일 생산자가 가격과 비용을 조정하지 않으면서 이자를 갚을 방안을 찾는다면 생산량을 늘려 이자를 갚을 수 있을 만큼 이익을 창출해야 한다. 이 경우 이자가 없는 경우에 비해 자원을 더 소비하게 되어 환경 파괴를 초래할 수 있다.

　셋째, 이자는 장기적으로 소득불평등을 심화시킨다는 것이다. 생산자가 이자를 갚기 위해 생산품의 가격을 올리는 경우 최종 소비자가 그 부담을 지게 되는데 최종 소비자 중에는 가난한 사람들이 많이 포함되어 있다. 이로 인해 가난한 사람들로부터 부유한 사람들에게로 소득이 이전되어 장기적으로 소득불평등이 심화될 수 있다.

넷째, 이자는 단기적인 관점을 조장한다. 이자가 부과되는 경우 자금을 빌린 사람은 이를 상환하기 위해 시장이자율보다 수익률이 높고 단기적으로 가시적 성과가 나타나는 유형자산에 투자할 유인을 가지게 된다는 것이다. 따라서 수익률이 상대적으로 높지 않고 그 성과도 장기에 걸쳐 나타나는 교육, 환경 등의 분야에는 투자가 소홀하게 되어 경제 전체적으로 장기적이면서 사회에 유익한 투자보다는 단기적이며 눈에 보이는 성과가 나타나는 쪽으로 자원배분이 왜곡되어 사회 발전에 악영향을 끼친다.

다섯째, 이자는 지속 가능한 경제를 불가능하게 만든다는 것이다. 돈의 발생과 유통 과정을 생각해 보면, 은행은 돈을 찍어 내어 신용을 창조하고 이를 돌려받을 때 이자를 붙여 돌려받는다. 이 과정에서 이자로 갚을 돈은 애초에 발행되지 않았기 때문에 이자를 갚기 위해서는 경제 성장을 통해 화폐의 총량을 늘려야 한다. 이 경우 경제 성장을 위해서는 추가 투자가 필요하게 되고 추가 투자를 위해 빌려야 하는 자금은 또 다시 이자를 붙여 조달해야 하고, 이 이자를 갚기 위해서는 다시 경제가 성장해야 한다. 결국 경제는 계속 성장해야 하고 이자 부담은 기하급수적으로 증가하여 최종적으로는 이를 갚지 못할 상황에 처하게 되며 이로 인해 경제의 지속가능성이 무너지게 된다는 것이다.

2. 무이자 대출의 역사

이자 없는 대출을 하고자 하는 실험은 1931년도까지 거슬러 올라간다Anielski, 2004: p.11. 1차 실험1931~1933은 1931년 대공황 시기에 덴마크에서 시작되었는데 생산의 세 가지 요소인 토지Jord, 노동Arbejde, 자본Kapital의 머리글자를 딴 협동조합이 발족되어 Sønderjylland 지역에서

농지 기반 무이자 대안 화폐를 발행하였다. 이 화폐는 금본위제도하에서 화폐의 가치가 금의 가치에 의해 유지되는 것과 같이 농지를 기반으로 하여 가치가 유지되는 통화인데 이자 없이 빌릴 수 있어서 공황으로 자금이 부족한 주민들에게 큰 호응을 얻었다. 당시 JAK가 발행한 통화가 덴마크 전체 통화의 1.5%를 차지할 정도로 호응을 얻자 덴마크 정부는 공식 통화체계에 대한 위협으로 간주하여 이 통화를 폐지하였고, 최초의 무이자 대출 실험은 2년 만에 종료되었다.

1차 실험의 실패 이후 1934년에는 andelskassen이라고 불리는 화폐가 없는 무이자 저축 및 대출 시스템이 시작되었는데 순서대로 모든 참가자들에게 은행 대출을 갚기 위한 무이자 대출을 제공하였다. 이 시스템은 참가자들의 호응은 좋았으나 시스템의 내부 결함 및 언론과 정부의 강한 반대로 인해 1938년 청산되었다. 또한 1934년에는 화폐 없이 무이자요구불예금 계좌와 청산소를 통해 재화와 서비스 거래가 이루어지는 무이자 결제 시스템이 시작되었다. 그러나 이 역시 1935년 덴마크 정부에 의해 문을 닫았다. 1944년 JAK는 무이자로 예금한 후 예금의 3배까지 대출이 가능한 새로운 예금 및 대출 시스템을 시작하였는데, 공식 은행 허가를 받고 영업하면서 덴마크의 20대 은행에 들 정도까지 성장하였다. 그러나 예금이 지속적으로 들어오는 시기에는 문제가 없었으나 예금이 저조한 시기에는 대출 총액과 예금 총액 사이에 불일치가 심각하게 발생하였고, 이로 인해 결국 1973년 Bikuben 은행에 합병되고 말았다.

덴마크에서의 무이자 대출 실험은 실패로 끝났지만 이는 스웨덴으로 옮겨 가서 무이자 대출 금융기관이 출현하는 계기를 마련했다. 1965년 스웨덴의 Skövde 지역 활동가들이 Jord Arbete Kapital - Riksförening för Ekonomisk Frigörelse National Association for Economic

Emancipation라는 비영리 단체를 조직하여 이자를 받지 않는 체계에 대한 연구를 공유하였는데, 이들은 저축 포인트saving points라는 개념을 활용하여 대출과 균형된 예금 체계를 달성하는 수학적 모형을 개발하였다. 이후 5년 뒤인 1970년에 실질적으로 금융시스템을 가동시킬 기회를 맞았는데 한 독지가가 100만 크로나를 투자하면서 스웨덴 최초의 무이자 실험이 시작되었다.

이후 동 기관은 지속적으로 무이자 금융활동을 하였으나 1980년대 후반 금리가 높아지고 1990년 초반 경제불황이 닥치자 생존이 위협받는 상황에 직면하게 되었다. 즉, 높은 금리를 피하여 무이자로 대출을 받고자 하는 수요로 인해 조합원의 수가 급격하게 증가한 것이다. 이로 인해 심각한 유동성 부족을 겪게 되자 동 기관은 무이자 대출이라는 이상을 유지하기 위해 구조조정을 단행하며 제도권 진입을 시도한다. 이러한 과정을 거쳐 1997년 스웨덴 JAK 협동조합이 스웨덴금융감독청Swedish Financial Supervisory Authority의 허가를 받아 탄생한 것이다. 제도권 진입은 기존의 금융질서와 규제를 따라야 하기 때문에 무이자 신용이라는 이상을 실현하기에는 여러 가지 제약이 따른다. 그러나 JAK 협동조합의 신용도를 확보할 수 있고, 설사 JAK 협동조합이 부도가 날지라도 정부에서 타 은행과 마찬가지로 일정액까지 예금을 보장해주기 때문에 수신에 있어 매우 유리한 영업 환경이 조성된 것이다.

3. 작동방식

JAK 협동조합은행은 회원제이다. 무이자 대출을 이용하기 위해서는 우선 조합원으로 가입을 해야 하고 이자를 받지 않는 무이자 예금 계좌를 개설한 후 대출을 받기 전에 먼저 예금을 해야 한다. 예금을 하면

이자 대신 저축 포인트Savings Points를 받게 되는데, 〈그림 7-1〉의 예를
가지고 설명한다.

□ 그림 7-1 저축의 형태

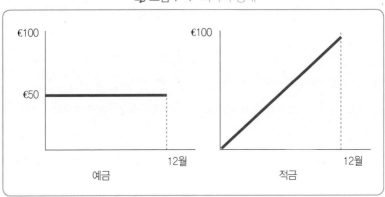

〈그림 7-1〉의 두 가지 형태의 저축은 동일한 저축 포인트를 번다. 첫
번째의 경우는 50유로를 1년간 예금하는 경우인데 잔고가 매달 50유
로로 유지되므로 €50 × 개월 = €600의 누적잔고가 발생한다. 이 누적잔
고에 대해 저축승수Savings Factor를 곱하여 저축 포인트가 계산된다. 저
축승수는 예금의 형태에 따라 다른데 언제든지 인출할 수 있는 요구불
예금은 가장 낮은 0.7이 적용된다. 설명의 편의를 위해 저축승수를 0.9
로 가정하면 위에 설명한 예금의 가용한 저축 포인트는 600 × .9 = 540
점이 된다. 두 번째의 경우는 매월 100/12 유로를 적립하여 열두 번째
달에는 최종적으로 잔고가 100유로까지 올라가는 경우이다. 역시 12
개월의 평균잔고가 50유로이므로 첫 번째 예와 동일한 저축 포인트를
얻게 된다.

저축 포인트는 향후 대출 금액을 결정하는 주요 기준이 되며, 위의
예시에서 보는 바와 같이 예금액이 클수록 그리고 기간이 길수록 더

커진다. 또한 저축 포인트는 대출하면 소진되는데 저축 포인트는 대출과 예금 사이의 균형을 잡는 기본 관리 장치 중의 하나이다. 대출은 최소 6개월 이상 저축해야 대출을 신청할 자격이 주어지는데, 대출을 신청하면 경영진이 가용 자금 한도, 담보 등 상환능력, 저축 포인트를 종합적으로 고려하여 대출금액을 결정한다.

〈그림 7-2〉는 저축 포인트의 작동 원리를 보이고 있다. 한 달에 1유로를 대출받으면 1저축 포인트가 소모된다. 540점을 획득한 경우 〈그림 7-2〉에서 보는 바와 같이 190유로를 인출할 수 있는데 이는 자신이 예치한 금액 100유로와 540점에 해당하는 대출금 90유로로 구성된다. 12개월 동안 90유로를 대출받으면 (90점/2)×12개월 = 540점의 저축 포인트를 모두 소진하게 된다.

그림에서 보는 바와 같이 대출을 받으면 대출기간 마지막에 전체 대출금을 갚는 것이 아니라 원금을 개월 수로 나누어 매월 일정액을 갚아 나간다. 그러므로 일시 상환의 경우 발생할 수 있는 채무불이행 위험을 사전에 방지할 수 있다.

그림 7-2 저축 포인트의 작동 원리 예 1

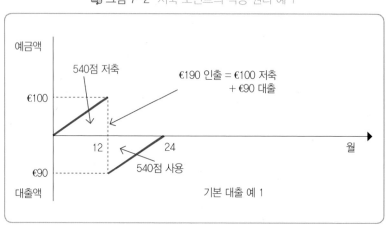

〈그림 7-3〉은 다른 기본 대출의 예를 보이고 있다. 총 145유로를 인출하는데, 이는 자신이 저축한 100유로와 45유로의 대출을 합한 값이다. 대출금액이 45유로이므로 〈그림 7-2〉의 90유로 대출의 절반에 해당하지만 대신 기간이 1년에서 2년으로 늘어나 결국 대출로 인해 소진되는 저축 포인트는 540점으로 동일하게 된다(45점/2)×24개월 = 540점.

📋 그림 7-3 저축 포인트의 작동 원리 예 2

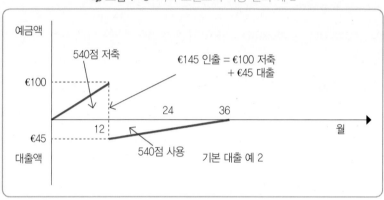

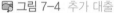

📋 그림 7-4 추가 대출

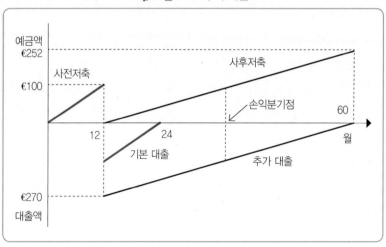

〈그림 7-4〉는 미래에 축적할 저축 포인트를 근거로 추가 대출을 신청하는 방식을 보이고 있다. 추가 대출 금액은 사전저축으로 인해 현재 가용하게 된 저축 포인트에 배분요인Allocation Factor을 곱해서 결정한다.

대출이 이루어진 이후 매달 갚아 나가는 대출 상환액은 빌린 자금만 갚아나가는 것보다 더 많이 책정되는데, 이는 대출한 자금에 추가하여 예금을 하도록 유도하는 것이며 이를 사후저축after-savings이라 한다. 이는 대출을 갚아 가면서 저축 포인트를 재충전하는 것으로 상환을 모두 한 경우 사후 저축금액으로 인한 저축 포인트가 쌓이게 된다. 이 금액은 인출을 할 수도 있고 이를 근거로 추가 대출을 받을 수도 있다. 또한 사후 대출로 쌓인 금액은 다른 조합원들에게 대출을 해줄 수 있는 유동성의 원천이 된다. 사후저축 금액은 대출 전 저축 포인트에 따라 달라지는데 대출 전 저축 포인트가 크면 작아지고, 반대로 대출 전 저축 포인트가 작으면 커진다. 사후저축으로 추가 저축된 포인트가 대출로 소모된 포인트를 회복할 때까지는 추가로 예금을 인출하는 것이 제한된다.

4. 무이자 금융의 약점 및 개선방안

무이자 금융은 먼저 이자 없이 예금을 하고, 자금이 필요한 경우 이를 바탕으로 이자 없이 대출을 받는 서로 돕는 금융, 호혜의 금융이다. 또한 예금에 근거하여 대출을 하기 때문에 회원수가 증가하여 예금이 많아지면 자본비용이 발생하는 외부자금을 조달해야 하는 필요성이 적어지므로 시스템의 안정성을 확보할 수 있다. 이러한 장점에도 불구하고 약점 또한 존재한다.

우선 대두되는 것이 진정한 무이자 예금, 무이자 대출이 가능한가 하는 근본적인 문제이다. JAK 협동조합은행의 경우 대출에 대한 이자는 없으나, 대출금의 6%2015년 기준를 상환기간 동안 예치하여야 하고 은행을 운영하는 행정비용을 감당하기 위하여 추가로 대출 수수료를 지불하여야 한다. 또한 회원들은 가입할 때 200크로나약 30,000원의 가입비를 내고 이후 매년 200크로나의 연회비를 내야 한다. 그러므로 이자라는 형식을 띠지는 않았지만 결국 그에 상응하는 비용을 은행에 지불하는 것이 아니냐는 비판의 목소리가 있다.

둘째, 일반 상업은행의 경우에는 이자가 지나친 대출을 방지하는 기제로 작동한다. 불필요하게 많은 자금을 꾸는 경우 이자 비용이 높아지기 때문에 자연스레 대출 수요가 조정되는 것이다. 반면에 무이자 금융의 경우 무이자로 자금을 대출해주기 때문에 자금을 더 많이 차입하고자 하는 동기가 발생하며 부도율이 높아질 수 있다는 비판이다. 이러한 비판에도 불구하고 JAK 협동조합은행의 경우 매우 낮은 부도율을 보이고 있는데 그 이유는 부도율을 낮추기 위한 절차를 갖추고 있기 때문이다. 회원들이 대출을 신청하게 되면 대출규모, 상환기간, 상환금, 가용한 저축 포인트 등 대출과 이의 상환을 위한 다양한 옵션을 선택할 수 있다. 대출심사부에서는 소득, 생활비, 나이, 성별 등 다양한 요인을 감안한 컴퓨터 프로그램을 사용하여 대출 여부를 심사한다. 대략 일주일에 20~25명 정도를 심사하는데, 이 중 95% 정도가 승인된다. 대부분의 대출은 부동산이나 보증인에 의한 보증이 필수인데 이로 인해 부도율을 상당히 낮출 수 있게 된다. 또한 〈그림 7-4〉에서 보는 바와 같이 사후 저축 포인트가 남은 대출잔고와 동일해지는 손익분기점 이후에는 대출된 금액이 대출자의 저축 포인트로 완벽하게 보장되는 시스템이기 때문에 부도 위험이 최소화된다. 그리고 대출자는 통상 무이자 대출이라는 이상에 동의하고 성향상 예금을 많이 하는 사람들이기 때문에 역시 부도 위험이 줄어든다. 또한 대출자들이 금리 부담이 없다는 점을 악용하여 자금을 많이 빌려서 다른 곳에 투자하는 등의 투기적 대출을 하는 경우는 많지 않고, 꼭 목돈이 필요한 실질적인 이유로 대출을 받는 경우가 대부분이다. 가장 흔한 대출 이유는 집을 구입하기 위해 일반 상업은행에서 대출을 받은 사람이 이의 이자비용을 줄이기 위해 JAK 협동조합은행에서 대환대출을 받거나, 자동차를 구매하기 위한 것이거나, 집을 개보수하는 것이다.

셋째, JAK 협동조합은 지점이 없어서 직접 방문하여 은행 일을 볼 수 없다. 이는 일차적으로 지점을 유지하는 데 드는 비용을 대폭 낮추어 무이자 금융을 실현할 수 있는 토대를 제공한다는 장점이 있다. 또한 대도시 지역 이외의 고객들이 은행에 대한 접근이 상대적으로 불리한 점을 극복할 수 있게 해 준다. 그러나 고객들은 통상적인 은행 업무를 보기 위하여 JAK 은행에 연동된 다른 정규 은행에 계좌를 가지고 있어야 한다는 불편함이 있다. JAK 은행은 향후 이러한 점을 개선할 계획을 가지고 있다.

넷째, 여타 다른 금융기관들과 마찬가지로 유동성에 문제가 생길 수 있다. 즉, 만일 대출자가 자금을 다 갚기 전에 저축한 사람이 자금을 인출하려 하는 경우 유동성 문제가 발생할 수 있다. 그러나 이는 일정 수준 이상의 많은 예금자가 있으면 해결된다. 일반 은행이 지불준비율을 정함으로써 예금의 인출에 효과적으로 대응하고 있는 것과 마찬가지 원리이다. 그러나 대출에 대한 이자부담이 없기 때문에 예금자에 비해 대출자가 더 많아지는 경우에는 문제가 발생할 수밖에 없는데 JAK 협동조합은행은 다양한 방식으로 이러한 문제가 발생하는 것을 사전에 차단하고 있다.

우선 대출을 받기 위해서는 먼저 예치를 하도록 하기 때문에 예금에 대한 수요를 유발시킨다. 다음으로, 대출을 받기 위해서는 최소 20%의 사전저축 계정이 있거나 정부채권에 대한 투자금이 있어야 하는데, 이는 JAK 은행의 입장에서 보면 즉시 가용한 자금원이 된다. 이 비율이 너무 높으면 유동성 문제는 해결되겠으나, 너무 많은 유동성은 수익성 감소를 초래한다. 또한, 장기 예치 계정에는 높은 저축승수Savings Factor를 적용함으로써 안정적 대출 재원 마련을 도모하고 있으며, 6, 12, 24개월 중 선택할 수 있도록 하고 있다. 무엇보다 예금 대비 대출의 규모를 결정하는 데 있어 배분요인Allocation Factor이 핵심적 역할을 한다. 예금된 금액이 많을수록 대출 시 적용하는 배분요인이 증가되는데, 배분요인은 상황을 면밀히 검토하여 이사회가 결정한다.

이러한 여러 가지 장치에도 불구하고, 초과 대출 수요는 항상 문제이며 발생할 수밖에 없는데 이 경우에는 대출 기각률을 높이거나 대기 라인을 길게 하는 방법으로 조정이 가능하다. 그러나 고객에 대한 서비스 측면에서 이는 쉽지 않으며, 은행이 확장되고 회원이 늘수록 유동성 확보 문제는 점점 더 어려워지는 것이 사실이다. 그럼에도 불구하고 21,000명의 충성 회원은 무이자 금융을 실현하게 해주는 든든한 자산이며, 24개의 지역 사무소가 회원들에 대한 교육을 담당하여 무이자 금융의 취지와 회원들의 역할을 강조하고 있다.

JAK 은행은 부단히 개혁과 쇄신을 수행 중인데, 경제 부문 개혁의 일환으로 지역사업은행Local Enterprise Bank의 역할을 담당하고 있다. 즉, 지역사회를 위해 중요한 사업을 지원하는 것인데 JAK 은행에 다양한 지역사회 사업을 위한 계좌를 개설하는 것이다. 특정 사업의 취지에 찬성하는 회원은 해당 사업을 위한 특별 JAK 계정에 예치하는데 이를 위해서 자신의 계좌에 있는 금액을 이전하면 된다. 회원들은 저축 포인트를 받지 못하지만 자신의 자금을 지역에 필요한 사업을 위해 공급

하는 것이다. 지역사회 사업을 위한 저축은 정부에 의해 완전히 보장
되기 때문에 회원들은 큰 부담 없이 지역의 주요 사업에 자신의 자금
을 제공할 수 있다. JAK 은행의 규모는 2014년 기준으로 894억 2,000만
크로나 정도이고, 2015년 12월 현재 39,000명의 회원이 등록되어 있으
며, 매년 이사회의 이사 선출이 있고, 이사회의 각 이사는 경영상 중요
사안에 대해 각 1표를 행사한다.

아라빈드(Aravind) 안과 병원

    이윤을 추구하면서도 저렴하게 또는 무료로 안과 의료 서비스를 제공하는 것이 가능할까? 외부의 원조에 의존하지 않으면서도 60%가 넘는 환자에게 무료로 안과 서비스를 제공하고 동시에 40% 이상의 수익률을 내는 병원이 있다. 바로 인도의 아라빈드 안과 병원이다.

    아라빈드 병원의 설립자인 고빈다파 벤카타스와미Govindappa Venkataswamy 박사는 인도의 공공병원에서 수십 년간 근무하다 은퇴를 앞두고 있었다. 당시 인도에는 1,200만 명 이상의 사람들이 시력을 잃은 상태로 생활하고 있었고, 이들의 대부분은 가난한 사람들이었는데 시력 상실의 원인 중 80%는 간단한 수술만 하면 되는 백내장이었다. 이러한 현실을 극복하고 가난한 사람들을 돕기 위해 벤카타스와미 박사는 58세에 은퇴 후 여동생 의사 부부를 설득하여 1976년 마두라이 마을에 11개의 침상을 가진 조그만 병원을 설립한다. 6대는 가난하여 수술비가 없는 사람들을 위한 무료 침상이고, 나머지 5대는 수술비를 낼 여력이 되는 사람들을 위한 유료 침대이다. 이렇게 시작한 병원이 지금은 의사 한 명이 1년에 백내장 수술을 2,000건 시행하고 외래 환자 수가 400만 명에 달하는 7개 체인을 가진 인도의 대표적 안과 병원으로 성장하였다. 참고로 의사 1인당 백내장 수술 건수는 인도 300건, 미국 125건이다. 누적 기준으로 아라빈드 병원의 혜택을 받은 환자는 수천만 명에 달한다.

    아라빈드 병원은 다음과 같은 모토를 가지고 있다. '부자나 가난한 사람이나 공평한 의료 서비스를 받아야 한다.' 그리고 '이윤 없이는 가난한 사람을 지속적으로 도울 수 없다.' 이를 달성하기 위해 가난한 사람들은 무료로 시술을 해주고, 여력이 되는 사람들은 유료로 시술을 해주는데 아라빈드 병원의 취지에 공감하는 사람들이 자발적으로 참여하여 전체 환자의 25%가 기본 진료비의 2배를 지불하고 있다.

이와 더불어 아라빈드 병원의 지속가능성을 달성하게 해준 것은 탁월한 비즈니스 모델이다. 벤카타스와미 박사는 맥도날드가 짧은 시간에 햄버거를 많은 사람들에게 서비스하는 것에서 힌트를 얻어 과감하게 안과 서비스의 비용을 낮추려는 시도를 한다. 표준화, 단순화, 전문화가 그것인데 접수, 시력검사, 안압검사, 혈압검사, 사전상담, 의사처방 등 업무를 분업화하고, 의사는 하나의 진찰과 치료만을 수행하도록 전문화하였다. 수술 환자가 여럿인 경우 각 의사들은 자신이 담당하는 분야의 수술만 하면서 이동하도록 함으로써, 의사의 동선을 짧게 하고 수술 준비 시간을 줄여 비용을 절감한다. 이로 인해 의사가 환자를 수술하는 데 걸리는 시간이 평균 5분 미만이고, 퇴원까지는 이틀밖에 걸리지 않는다. 단순 반복 작업은 인건비가 싸면서도 남성들보다 섬세한 여성들을 고용하여 활용한다. 원활한 인력 수급을 위해 의료 전문가 양성 프로그램을 병원 내에 만들었고, 인건비 등 고정비를 낮추기 위해 인도 전역으로 규모를 키워 규모의 경제를 달성하였다.

아라빈드 병원의 의사들은 매우 많은 환자들을 치료하면서도 이에 대한 특별 보상이 없다. 그러나 이들의 90%는 비싼 의과 대학을 다니는 대신 아라빈드 병원의 의사 양성 과정을 마치고 의사가 된다. 또한 아라빈드 병원은 인공수정체의 값이 비싸서 더 많은 가난한 사람들을 치료할 수 없는 현실을 타개하기 위해 렌즈 제조업체인 오로랩을 설립하였다. 인구 많은 인도의 값싼 인력과 대량생산 체제를 활용하여 개당 200~300달러에 달하는 인공수정체 비용을 4~5달러 수준으로 낮추었다. 가난한 사람들은 최고 수준의 인공수정체가 아니더라도 시력을 회복할 수 있다면 적정 수준의 인공수정체에도 만족할 수 있는 것이다.

교통이 불편한 시골이나 오지에 살아 병원에 오기가 어려운 사람들을 위해서는 Screening Eye Camp 프로그램을 운영하고 있는데, 이는 아라빈드 병원의 의사들이 현장에 찾아가서 시력검사와 간단한 처방을 해주고 심한 사람들은 병원에 올 수 있도록 조치하는 것이다. 병원을 방문해야 하는 경우 가족이 올 수 있는 무료 교통편과 숙박도 제공한다. 수많은 사람들에게 빛을 찾아 준 벤카타스와미 박사는 2006년에 타계하였다.

Aravind Eye Care System, 2016-2017 Activity Report.

사람을
위한 금융

제**8**장

민관협력
지역금융

1. 지역개발금융기관 펀드

　미국은 빈부의 격차가 매우 심한 국가 중의 하나이다. 시장경제를 기반으로 하기 때문에 효율성은 매우 신장되나 경쟁에서 탈락한 개인이나 지역은 가진 자들이나 부유한 지역과의 격차가 점점 더 커지는 소득격차 문제가 심각하다. 경제적 낙후지역이 점점 더 가난해지는 것은 이러한 지역에 대한 투자가 수익성이 없기 때문에 은행 등과 같은 제도권 금융이 투자나 대출을 외면하기 때문이다. 이러한 문제를 완화하고자 설립된 것이 지역개발금융기관Community Development Finance Institution; CDFI 펀드이다. CDFI의 성공은 공공부문과 민간부문이 서로의 강점을 살려 시너지 효과를 발생시키고, 제도의 성공을 위하여 철저하게 부정적 요인을 제외시키며 제도의 시행에 있어 참여자의 동기가 사업의 성공과 일관성을 유지하는incentive compatible 구조를 만들었기 때문이다.

2. 형성 과정

미국에서는 빈부의 격차가 심해지고 지역의 슬럼화 및 사회불안이 가속화되자 이러한 문제를 해결하고자 1974년부터 지역개발금융기관들이 설립되기 시작했다. 지역개발금융기관들은 다양한 시도를 통해 성공과 실패를 반복하면서 낙후지역에 대한 금융의 경험을 축적하여 왔고 일정 부분 성과도 있었다. 그러던 중 1992년 빌 클린턴 당시 대통령 후보가 낙후지역 개발을 위해 뉴딜식 공공근로와 같은 재정 투입 방식보다는 지역에 돈이 돌게 하는 지역금융기관을 설립하겠다고 공약을 하면서 민간의 지역개발 노력이 시작된 후 20여년 만에 공공부문에서도 관심을 가지게 되는 계기가 마련되었다.

클린턴 당선 직후인 1992년 11월 미국의 지역개발금융 관련 활동가와 기관들은 자신들을 대표하는 조직으로 지역개발금융기관들의 연합인 'CDFI Coalition'을 출범시켰다. 이 조직은 1993년 1월 정부의 섣부른 정책 집행으로 모처럼 만들어진 낙후지역에 대한 개발 및 금융소외자 구제 기회가 실패로 끝나지 않도록 하기 위하여 지역금융과 관련된 제안서를 작성하여 대통령 인수위원회와 의회를 상대로 로비를 벌였다.

이 제안서에는 지역개발금융과 관련된 5가지 원칙을 제시하고 있는데 매우 타당하면서도 혁신적인 생각들을 담고 있다. 첫째, 기존 금융기관과 그 자회사는 마을은행의 범주에서 배제한다. 이는 기존의 금융기관이 영리를 목적으로 정부의 지원을 노리고 참여하는 경우 낙후지역에 대한 개발 및 지원이 실패할 가능성이 높기 때문이다. 둘째, 다양한 지역개발금융기관이 활동해야 한다. 이는 지역의 상황에 따라 서로 다른 비즈니스 모델이 있을 수 있으며, 이것이 바로 민간의 창의성의 원천인 경험과 지식을 활용하는 길이기 때문이다. 셋째, 지원프로그램은 독립기구로 하고 정부는 감독만 수행한다. 지식과 경험이 없는 정부 관료가 탁상행정을 하는 경우 프로그램의 실패가능성이 매우 높기 때문에 정부는 일체 현장의 영업에는 관여하지 않고 전체적인 여건을 조성하면서 불법 내지 탈법 행위가 있는지만 감독하도록 한 것이다. 넷째, 지원은 마을은행의 역량 강화를 위해 이루어져야 한다. 자금이나 정책적 지원이 이루어지는 많은 경우 지속성의 결여가 항상 문제이다. 정책 자금은 규모도 한정되어 있고 기간도 무한정 길 수 없기 때문에 희소한 자원을 지역개발금융기관의 역량 강화에 초점을 맞추면 이것이 장기적으로 긍정적 효과를 창출할 수 있기 때문이다. 다섯째, 융자보다는 투자를 장려한다. 이는 이해관계를 일치시켜 진정성을 확보하기 위함이다. 융자를 하는 경우 자금을 지원하는 주체가 사업의 성패와 끝까지 함께 할 수 없기 때문에 주인의식을 가질 수 있는 투자를 장려한 것이다.

클린턴 행정부는 지역개발금융기관이 효과적으로 활동할 수 있는 여러 가지 입법 활동을 하여 지역개발금융의 생태계를 조성하였다. 먼저, 1994년 마을은행법을 통과시켰다. 이는 마을은행의 위상을 높여 제도권 안에서 정부의 다양한 지원을 받도록 법적 지위를 부여한 것이다. 1995년에는 지역재투자법Community Reinvestment Act; CRA 을 개정하였다. CRA는 확대일로에 있는 지역 간 소득 격차를 줄이기 위하여 1977년에 제정된 법으로 시중은행이 낙후지역에 일정 비율을 대출하도록 강제한 것이다. 이러한 규정을 위반하는 경우 신규점포를 개점하거나 인수합병을 하는 경우 불이익을 주는 것으로 하였으나 처벌이 제대로 집행되지 않아 유명무실하게 되었다. 클린턴 행정부는 원래의 좋은 취지를 살리면서 법을 개정하여 마을은행에 대한 투융자를 확대하도록 하였다. 2000년에는 신시장세금감면법New Markets Tax Relief Act 을 제정하였다. 이는 특정 시장에 대한 지원으로 조세 수입을 포기해야 하는 문제가 있기 때문에 한시적으로 집행된 법안으로 낙후지역의 개발을 위한 민간의 투융자를 유도하기 위한 것이었다. 낙후지역 개발과 관련된 투융자를 하는 경우 개인소득세에 세액공제 혜택을 부여함으로써 민간자금을 정책 목적에 맞게 끌어들이기 위함이다.

3. 조직 및 구성

CDFI 펀드는 지역개발금융기관 지원기금을 운영할 뿐만 아니라 해당 업계의 정책을 총괄하는 역할도 수행한다. 직제상 미국 재무부 산하기관이며 반관반민의 준독립기구이다. 이는 위의 제안서의 원칙과 관련이 있는 것으로, 원래 업계에서는 운영에 있어 민간의 자율을 최대한 살릴 수 있는 독립기구를 원했으나 공공적 성격을 무시할 수 없기 때문에 절충안을 따른 것이다. 이러한 취지를 살려 총 15명의 자문위원회 위원 중 9명은 민간대표이고 6명은 정부대표이다. 민간대표 9인은 마을은행 대표, 기존 금융권 대표, 공익대표, 지역개발전문가 각 2명씩에 원주민 대표 1인으로 구성되고, 정부대표는 농무부, 상무부, 주택도시부, 내무부, 재무부, 중소기업청이 각각 1명씩 지명한다. CDFI 펀드 최고책임자의 지명권은 대통령에게 부여하였는데 이는 이 기관의 중요성을 정부가 얼마나 무겁게 받아들였는가를 대변하는 대목이다.

4. 작동

CDFI 펀드의 핵심 업무는 〈그림 8-1〉에서 보는 바와 같이 지역개발금융기관들에 대한 투자나 교부금 대출 등과 같은 재무적 지원과 더불어 기술적 프로그램을 제공하고, 새로운 마을은행을 발굴하여 육성하는 것이다. 모든 프로그램은 공모Award 방식으로 진행되는데, 모든 지역개발금융기관이 지원할 수 있는 것은 아니고 인증을 받은 기업만 지원 프로그램에 응모할 수 있다. 예외적으로 인증을 받지 않아도 응모할 수 있는 경우가 있는데, 기술적 지원 프로그램은 무인증 지역개발금융기관도 응모할 수 있다. 그러나 이 경우에도 지원 결정 후 2년 이내에 인증을 받아야 한다.

인증조건은 다음과 같다. 1 해당 마을은행의 최우선 목적이 지역개발이어야 한다. 2 해당 마을은행이 금융소외지역과 저소득층을 주된 대상으로 영업을 하여야 한다. 3 핵심 사업이 금융서비스이어야 한다. 4 자금을 빌려 가는 차입자에게 금융서비스와 함께 컨설팅이나 금융교육 등 기술적 지원을 할 수 있어야 한다. 5 현재 영업하고 있는 지역에서 신뢰를 쌓아야 한다. 6 비정부조직이어야 한다.

그림 8-1 CDFI 펀드 구조

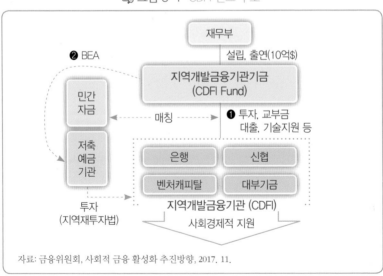

자료: 금융위원회, 사회적 금융 활성화 추진방향, 2017. 11.

CDFI 펀드는 다양한 지원 프로그램을 가지고 있으나 재무적 지원 Financial Assistance; FA이 기본이다. 이는 〈그림 8-1〉에서 보는 바와 같은 1:1 매칭 형태로 민간투융자를 유도하는 것으로, 선정된 기관은 3년간 최대 500만 달러의 지원을 받을 수 있다. 자금의 형태로 지원되는 경우 증여, 투자, 장기 저리 융자 등이 모두 가능하다. CDFI 펀드가 지원한 기관의 현황을 보면 대부기금이 가장 다수이고, 2004년부터 인디언과 알래스카 원주민 지역의 마을은행도 지원하고 있다.

또 다른 프로그램으로 은행이 낙후지역에 투자하도록 동기를 부여하는 'Bank Enterprise Award BEA'가 있다. 〈그림 8-1〉에서 보는 바와 같이 CDFI 펀드의 자금으로 은행이 지역개발사업과 관련하여 지출한 비용의 일부를 보전해주는 것이다. 일례로, 미국의 주요 은행의 하나인 Bank of America BoA가 마을은행을 대상으로 공모를 한 경우를 들 수 있다. BoA는 주택과 건물의 에너지 효율을 높이는 친환경 투자를 전문으로 하는 마을은행 9곳을 선정하여 5,000만 달러를 장기 저리로 융자해 주었는데, 이에 대한 보상으로 BEA 프로그램으로부터 50만 달러를 받았다. 이는 정부가 BoA에 대해 1% 이자에 해당하는 부분을 대신 감당해준 격이다. BoA 입장에서 보면 사업비의 일부를 정부의 지원을 받아 비용을 낮추면서 또한 지역재투자법 CRA의 규정도 만족시키는 효과를 볼 수 있다.

대체로 BEA 지원금 규모가 CDFI 펀드의 1/3 정도 되는데 펀드의 운영 규모가 2억 달러 정도라는 것을 생각하면, 6,000~7,000만 달러를 지원하여 그 100배인 60~70억 달러가 지역개발에 투자되도록 하는 효과를 보는 것이다. 또한 BEA 대상기관을 선정할 때 대출보다는 투자에 가산점을 주어 지역개발사업에 금융지원을 하는 금융기관이 해당 사업에 대한 관심을 더 가지도록 유도하고 있다.

2000년도에 제정된 신시장세금감면법에 의해 가동된 신시장 세액공제 프로그램도 매우 중요한 지역개발지원 기제이다. 의회가 세액공제 규모를 결정하여 CDFI 펀드에 통보하면, CDFI 펀드는 다시 민간투자를 받을 수 있는 지역개발체Community Development Entities; CDEs를 인가한다. CDE 기관들은 민간투자 유치규모와 유치될 자금의 융통계획을 세워 세액공제 할당 공모에 지원하고, 선정되면 할당받은 세액공제만큼의 투자액을 유치한다. 유치된 민간 투자 자금은 마을은행이나 낙후지역의 상가 보육시설 등 필요한 인프라에 투자된다.

민간 투자자는 투자 후 7년간 투자액의 39%에 해당하는 세액공제 혜택을 7년 안에서 자유롭게 활용할 수 있다. 가령, 회사의 경영 상태에 따라 수익이 적거나 손실이 발생된 해에는 세액공제를 사용하지 않거나 적게 사용하고 이익이 많이 나서 세금을 많이 내야 하는 해에는 세금감면액수를 많이 사용하는 것이다.

2006년 12월 미국 할리우드 스타인 브래드 피트Brad Pitt가 만든 'Make It Right Foundation'이 CDE의 예인데, 이 재단은 2005년 허리케인 카트리나의 피해를 본 이재민들에게 5년간 150채의 주택을 지어 공급했다. 이때 이 사업에 함께 투자한 민간 투자자들은 세액공제를 받을 수 있고, 이로 인해 재난을 당한 지역의 재건사업에 자금이 더 많이 투자되는 효과를 창출하게 되었다.

정부는 또한 직접적으로 자금지원을 하지 않고 정부의 신용을 활용하여 낙후지역에 대한 개발을 지원할 수 있다. 예를 들어, 마을은행이 발행한 채권이나 어음을 정부가 보증하는 경우이다. 이는 2010년에 제정된 중소기업일자리법에 근거한 것으로, 미재무부가 각 기관별로 연 10건에 대해 최저 1억 달러에서 최대 10억 달러 범위에서 100% 지급보증을 하는 것이다.

5. 혁신점 및 효과

    CDFI는 낙후지역의 금융지원과 지역발전을 위해 매우 효과적으로 운영되고 있는데, 그 이유를 CDFI의 운영과 관련된 몇 가지 혁신적인 측면에서 찾을 수 있다.

- 우선, 민과 관이 협력하여 각자 강점을 가진 분야에 집중한 점을 들 수 있다. 낙후지역 개발은 자금력만 있다고 되는 것이 아니고, 지역에 대한 깊은 이해를 기반으로 하는 지역 밀착형 경영이 필요하다. 이를 위해서는 민간의 경험과 실험정신 및 진정성이 필수 불가결한데, 미국은 1970년대 중반부터 낙후지역의 문제를 개선하고자 활동해 온 마을은행들이 이러한 역할을 담당하였다. 마을은행은 지역 밀착형 은행·신용협동조합·대부펀드·벤처캐피탈 등을 일컫는 것으로 금융 분야의 사회적 기업이라고 할 수 있다. 이러한, 마을은행들이 자신들의 입장을 대변하고 정책적 제안을 하기 위해 모인 조직들이 있는데, 예를 들면 Opportunity Finance Network_{OFN}가 그것이다.

  한편, 정부는 실제 운영에 강점이 있는 것이 아니고 제반 여건을 마련하는 것에 강점이 있기 때문에 조세 혜택과 같은 정책적 도구를 활용하여 민간의 활동을 지원하였다. 일반적으로 정부가 어떤 정책을 시행하는 경우에는 상명하달식의 경직된 형태로 운영되는 것이 다반사이기 때문에 정책의 효과도 떨어지고 그나마 있던 민간의 활동도 고사시키는 소위 배제효과crowd-out effect가 발생한다. CDFI 펀드의 조성 과정에서는 이러한 단점이 최소화될 수 있도록 정부는 전체적인 구상과 울타리만 만들어 줄 뿐 지역개발금융기관들의 영업 활동에 관여하지 않고 자율을 보장하였다. 이러한 권한분산으로 인해 다양한 시도가 가능해지고 민간의 창의성이 발현될 수 있었던 것이다. 정부는 시장실패의 결과로 나타난 낙후지역을 개발해야 하는 과제가 있는데, 이를 해결하기 위해 직접 개입보다는 간접적 방법인 민관협력 모델을 채택하여 예산을 효과적으로 집행할 수 있었다.

- 통상 자금이 확보되면 자금의 공여자가 직접적으로 수혜기관을 선정하는 것이 일반적이다. CDFI 펀드의 경우 이러한 선정을 정부가 하는 것이 아니고 지역개발활동으로부터 오랜 경험과 노하우를 축적한 현장의 마을은행들이 주축이 되어 자금을 집행하였다. 따라서 정부의 무지로 인한 혈세의 낭비를 줄이면서 정책의 효과를 배가시키는 결과를 가져 올 수 있었다.

- CDFI 펀드가 제공하는 지원 프로그램이 공모방식으로 이루어졌다는 것이다. 즉, 낙후지역 지역개발을 위해 잘 할 수 있는 기관들을 선발하여 지원함으로써 자원을 효과적으로 사용하고 도덕적 해이 문제를 차단한 것이다. 또한 공모에 참여할 수 있는 기관도 먼저 인증을 받도록 하여 소위 '눈먼 돈'이라는 정부 자금에만 관심이 있는 기관을 배제하여 선발 절차의 정확성을 높였다.

2010년에 수행된 CDFI 펀드 관련 실태조사CDFI Data Project에 따르면, CDFI의 지원을 받은 지역개발금융기관의 고객 중 빈곤층이 78%, 소수인종이 70%, 여성이 63%를 차지하여 소기의 정책 목표를 매우 잘 수행하고 있는 것으로 나타났다.

또한 빈곤한 낙후지역에 대출을 해줌에도 불구하고 대출부실이 2% 미만이라는 것은 자금적 측면뿐만 아니라 지역의 사회적 자본 구축 등

지역개발의 긍정적 효과가 나타나는 것이라 볼 수 있다. 또한 미재무부의 조사에 따르면 정부지원금 1달러가 민간자본 20달러를 창출하는 효과가 있어 세액공제 프로그램으로 덜 걷힌 세금 1달러가 20배의 위력을 나타내는 것을 알 수 있다.

스타벅스 (Starbucks)

2011년 스타벅스의 하워드 슐츠 회장은 워싱턴 정가에 대한 정치헌금을 중단하겠다고 공개적으로 선언한 후 직원들을 자신의 집에 초대하여 국가를 위해 실질적으로 할 수 있는 일이 무엇인가를 자유롭게 토론하였다. 그 결과 일자리 창출에 초점이 맞추어졌고 이를 위해 중소기업을 육성하는 데 도움을 주기로 결정하였다. 자금 마련을 위해 스타벅스는 미국 전역에 퍼져 있는 7,000여 개의 스타벅스 매장에서 5달러 이상 기부한 고객에게는 우리는 나눌 수 없는 하나라는 의미의 'Indivisible'이라는 구호가 새겨진 팔찌를 만들어 제공하기로 하였다.

스타벅스는 당시 자체 공익재단도 있었으나, 캠페인을 통한 모금과 운영을 중소기업 사정에 밝은 외부의 전문가 그것도 중소기업 금융에 능통한 금융전문가에게 맡기기로 하였다. 마침 스타벅스의 이사로 있던 마크 핀스키Mark Pinsky가 마을은행의 연합조직인 Opportunity Finance NetworkOFN의 대표로 활동하고 있어 그를 초빙하였다. 슐츠와 핀스키는 즉시 'Create Job for USA' 캠페인을 조직하고 팔찌 제작에 들어갔다. 스타벅스가 팔찌 제작비용을 전액 지원하면서 별도로 캠페인에 600만 달러를 기부하였고, 나머지 캠페인 관련 업무는 전문가 조직인 OFN이 담당하도록 하였다. 그 결과 고객들에게 65만 개의 팔찌가 전달되었고, 씨티은행이 100만 달러를 기부하는 등 캠페인 개시 7달 만에 1,150만 달러를 모금하는 성과를 이루었다.

스타벅스는 이 자금으로 44개 주의 60여 마을은행을 지원하였는데 당시 5달러가 기부되면 마을은행이 30달러를 조달하여 중소기업에게 35달러를 대출하는 효과가 있었다. 이를 일자리 수로 환산해보면 낙후지역의 경우 대체로 대출금 21,000달러당 1개의 일자리가 창출되는 것으로 알려져 있는데, 스타벅스의 모금이 약 4,000여 개의 일자리를 창출한 효과를 낸 것이다.

스타벅스가 이 프로젝트에서 성공한 요인은 여러 가지가 있겠으나 그 중에서도 첫째는 현장을 중시하고 현장을 아는 사람과 기관을 활용한 점이다. 다음으로 금융기관을 파트너로 선정한 것을 들 수 있는데 1970년대 중반 이후 지역개발 현장에서 성공과 실패를 경험하며 쌓은 노하우가 축적된 지역개발금융기관 조직을 활용하여 희소한 자원을 매우 효과적으로 배분한 것이다.

Starbucks, We Are #Indivisible, https://www.starbucks.com/indivisible.

사람을
위한 금융

사회적
금융 인프라

사회적 경제가 튼실하게 자리 잡기 위해서는 사회적 기업이나 프로젝트를 수행하기 위해 필요한 자금의 존재도 중요하지만, 이러한 자금이 적재적소에 투입될 수 있도록 하는 인프라도 매우 중요하다. 이 부분에서는 사회적 금융이 원활히 수행되도록 하는 인프라에 대해 살펴본다.

제9장

온라인 **기부/
투자** 사이트

온라인 기부/투자 사이트

　IT 기술의 발달에 따라 사회적 기업이나 프로젝트의 수행을 위해 필요한 자금이 연결될 수 있는 다양한 서비스가 나타나고 있다. 사회적 사업가는 자금이 필요하고 사회적 투자자는 자신이 원하는 사회적 사업을 찾아야 하는데 통상 이 둘 사이에 정보의 비대칭이 존재하여 서로 연결이 원활하게 되지 못한다. 이러한 빈자리를 채우기 위해 많은 온라인 기부 및 투자 사이트 또는 신규 사업 출시를 위한 크라우드펀딩 온라인 플랫폼들이 출현하였다. 이러한 사이트들은 그 자체가 기업이기도 한데, 말하자면 자금이 필요한 사회적 기업을 돕는 사회적 기업으로 사회적 금융의 창구 역할을 한다.

　통상의 투자는 수익률이 높은 곳으로 자금이 흐르는데 이러한 온라인 사이트들은 프로젝트의 수익률뿐만 아니라 프로젝트의 사회적 가치 창출을 매우 중시한다. 사회를 긍정적으로 변화시킬 수 있는 사업, 수익률을 조금 희생하더라도 사회적 가치가 높은 프로젝트를 선정하여 투자자와 연결시킨다.

1. 오마이컴퍼니

　서울시의 혁신형 사회적 기업 '오마이컴퍼니'는 크라우드펀딩을 통해 협동조합, 사회적 기업, 사회적 창업팀 등 사회적 경제 활동 조직을 지원하는 사회적 기업이다.

1) 설립 및 활동

　오마이컴퍼니의 창업자 성진경 대표는 2011년부터 성공회대 사회적 기업가 과정에서 공부했고 한국사회적기업진흥원의 사회적 기업 육성 사업 창업팀 1기로 창업을 준비했다. 오마이컴퍼니의 플랫폼은 2012년 5월부터 운영되기 시작하였는데 2014년까지 120여 건의 프로젝트가 진행되었고 이 중 80% 이상이 사회적 경제 조직들을 지원하는 프로젝트이다. 사회적 가치와 목적을 달성하기 위한 사회적 기업들은 늘고 있는데, 대부분 재무상태가 어렵고 정부 지원만으로는 지속되기 어렵다는 문제의식을 가지고 크라우드펀딩 사업을 수행하고 있다.

　〈그림 9-1〉은 오마이컴퍼니의 웹사이트이다www.ohmycompany.com. 대표적인 사업들이 나와 있고 목표로 하는 조달 규모 대비 실제 자금 조달 비율이 실시간으로 보여진다.

　오마이컴퍼니의 크라우드펀딩은 특히 사회적 경제 영역에서 창업하고자 하는 사람들에게 유용하다. 기존 기업들은 기본적인 판로가 있지만 창업을 하고자 하는 사람들은 대부분 판로가 없기 때문에 사업을 시작하기조차 힘든 경우가 많다. 따라서 어떤 상품이나 서비스를 만들었지만 이를 공급할 수단이 없는 기업들, 혹은 자신들이 개발한 상품이나 서비스가 시장에서 어떤 반응을 얻게 될지 테스트를 해봐야 하는 기업들에게 유용하다.

즉, 자금조달과 마케팅을 동시에 수행할 수 있으며, 이 과정에서 크라우드펀딩이 훌륭한 홍보 수단이 된다.

그림 9-1 오마이컴퍼니 웹사이트

오마이컴퍼니는 창업팀들을 대상으로 펀딩 교육과 대회도 실시하고 있다. 사회적 창업 기업들이 크라우드펀딩에 관심을 가지고 여러 가지 실험을 해보는 것이 사업의 성공을 위한 매우 중요한 요인이기 때문이다. 또한 현재 활동하고 있는 사회적 기업과 사회적 기업가를 직접 방문하는 오마이컴퍼니 워크숍도 개최하고 있는데 이는 기존 사회적 기업들의 활동 상황을 파악하고, 애로 사항을 청취하며, 이들에 대한 펀딩 기회를 논의하고, 경영상 교육과 조언을 해 줄 수 있는 중요한 기제이다. 또한 오마이컴퍼니와 함께 지역사회 발전에 기여한 기업들이 참여하는 'Local Challenge Project'를 개최함으로써 크라우드펀딩의 성과를 공유하는 기회를 가지고 있다. 이는 수행된 사업들의 장단점 및 애로 요인을 파악하고 이를 참가자들이 공유함으로써 좀 더 효과적인 사업 설계 및 수행을 위한 기회를 제공한다.

2) 펀딩 사례

오마이컴퍼니가 크라우드펀딩으로 진행한 '농사펀드'는 농촌에서 모내기를 할 때부터 도시사람들이 초기 자금을 투자하여 나중에 쌀을 돌려받는 사업이다. 소작농들이나 친환경재배 영세 농민들은 빚을 내어 농사를 지었다가 그해 사정이 좋지 않으면 고스란히 그 빚을 떠안아야 하는 불확실성에 놓이게 된다. 이러한 위험을 농민들과 도시의 소비자들이 나누어 부담함으로써 서로에게 도움이 되는 상황을 만드는 것이다. 도시민들이 펀딩을 통해 농사의 모든 과정에 참여하여 농민들의 위험 부담을 덜어 주고 대신 도시의 소비자는 안전한 먹거리를 공급받을 수 있다. 오마이컴퍼니는 그동안 '매실펀드', '쌀펀드' 등을 진행했는데, 반응이 너무 좋아서 '농사펀드'를 진행할 별도의 법인을 만들었다.

오마이컴퍼니가 진행한 펀딩 중 일반인들에게 가장 큰 공감대를 형성한 프로젝트는 세월호 나눔팔찌 프로젝트다. 세월호 참사를 기억하자는 취지로 뜻있는 사람들의 후원을 받아 팔찌 4,000개를 제작하여 무료로 나누는 프로젝트를 시작하였는데, 2,000여 명이 참여해 7시간 만에 신청접수가 마감되는 기록을 세웠다. 1차의 반응을 보고 2차에서는 펀딩을 시도하여 모금된 자금으로 팔찌를 제작해 참여자, 신청자들에게 돌려주었고, 특히 단원고의 생존 학생 및 가족들이 팔찌를 착용함으로써 많은 홍보가 이루어졌다. 팔찌를 판매하는 방식은 적절하지 않다는 판단하에 나눔을 위한 후원금 모집 형태로 진행되었고, 총 26,000명이 참여해 10만여 개의 팔찌가 제작되었다.

'제주 한 달 살기 프로젝트'는 청년들이 제주도에서 단순히 여행만 하는 것이 아니라 한 달 가량 살면서 문화와 자연을 즐기면서도 일을

하는 working holiday 형태로 운영된다. 이 사업이 시행됨으로써 제주
도는 농가의 일자리 부족 문제를 해결하고, 청년들은 여행 경비를 마
련할 수 있다는 장점이 있다. Share house 개념을 적용하여 참가자들
이 마을의 guest house에 머물면서 함께 살아보는 연습을 하는 체험 프
로그램 형태이다.

3) 성공요인

오마이컴퍼니와 같은 사회적 기업이 성공하기 위해서는 사회의 현
안에 대한 안목과 이해가 있어야 하고 이를 구체화할 수 있는 혁신성
과 경영능력이 필요하다. 또한 일반 기업과 달리 사회적 목적을 달성
하기 위한 기업이기 때문에 장기적 호흡에 기반한 신뢰 구축이 무엇보
다도 중요하다.

오마이컴퍼니의 경우도 사업 초기 상당한 어려움을 겪다가 '희움'이
라는 위안부 역사관 건립 기금 프로젝트를 수행하면서 회사가 알려지
기 시작했다. 과거사 청산을 둘러싼 일본과의 어려운 외교 관계와 이
로 인한 국민들의 생각을 제대로 파악한 프로젝트를 시작한 것이다.
'희움' 프로젝트는 한 달 만에 1억 7,000만 원의 기금을 모았는데 이는
동 프로젝트에서 진행한 세 번째 펀딩이었다. 첫 번째에는 500만 원 정
도가 모였고 두 번째에는 1,000만 원의 자금을 조달하였다. 크라우드
펀딩은 이와 같이 단발성이 아닌 장기적 호흡을 가지고 후원자들과의
교감 및 신뢰관계를 구축해 가야 한다.

또한 프로젝트의 성격과 의미부터 참여자에게 주는 혜택까지 고려
해야 할 사항들이 매우 많기 때문에 경영능력 및 혁신성도 크라우드펀
딩을 성공적으로 진행하기 위해서 필수불가결하다. 프로젝트가 매력
적이고 간결하면서도 사람들의 공감을 얻어내도록 기획되어야 하고

프로젝트의 성격에 따라 강조점을 달리 하는 것이 중요하다. 예를 들어, 기부 성격이 강한 프로젝트는 참여자들의 공감대를 불러일으키는 방식이 더 효과적이고, 기부 성격이 약한 프로젝트는 보상 형태의 매력을 높이는 것이 더 효과적이다.

현실적으로 프로젝트에 참여하면서 얻게 되는 혜택도 해당 프로젝트의 사회적 가치 못지않게 중요한 성공요인이다. 따라서 이를 설계하는 데 있어 펀딩을 신청하는 단체와 함께 상당한 노력을 들여야 한다. 희움 프로젝트의 경우 위안부 할머니의 작품인 decoration paper book과 T셔츠를 제공했다. 오마이컴퍼니는 프로젝트의 기획 단계부터 실행까지 펀딩을 신청하는 단체들과 매우 긴밀한 협력 관계를 유지하고 있다. 더불어 후원자들의 수요를 파악하고 해당 프로젝트의 수요 결정 요인이 무엇인지에 대한 검토를 위해 다양한 계층의 수요자들의 의견을 수시로 접수하는 체계도 필요하다.

2. KIVA

KIVA는 스탠포드Stanford 경영대학의 공공경영 프로그램Public Management Program의 스태프였던 제시카 재클리Jessica Jackley가 그녀의 약혼자 맷 플래너리Matt Flannery와 함께 개발도상국의 가난한 사람들을 돕기 위해 2005년 시작한 비영리기관이다.

기본적으로 무이자 소액대출을 해주는 온라인 플랫폼을 만들어서 자금이 필요한 사람들과 사회적 측면의 기여를 하고자 하는 사회적 투자자들을 연결시키는 기능을 한다. 본부는 샌프란시스코에 있고 케냐의 나이로비에 지부를 두고 있다. KIVA의 웹사이트를 방문하면 다음과 같은 글귀가 크게 나타난다KIVA 2008.

"우리는 모든 사람들이 그들 자신과 타인들을 위해 기회를 창조할 수 있는 힘을 가지는 세상을 꿈꾼다."
"We envision a world where all people hold the power to create opportunity for themselves and others."

즉, 새로운 사업을 시작하거나, 학교에 가기를 원하거나, 청정 에너지에 접근하고자 하거나, 자신의 잠재력을 실현하고자 하거나, 또는 우선 생존이 문제인 사람들이 자신과 가족, 더 나아가 공동체의 더 나은 미래를 위해 무엇인가를 하고자 할 때 이에 필요한 자금을 연결시켜 주는 것이다. 이러한 취지에 동참하고자 하는 개인이나 기관들은 최소 $25 금액을 KIVA를 통해 대출할 수 있다.

1) 운영철학

키바는 몇 가지 운영철학을 가지고 있다. 첫째, 기부가 아닌 대출을 주로 취급한다는 것이다. 이유는 수천 명의 사람들이 믿음에 근거하여 대출을 하는 것이 경제적 사회적 선을 창출하기 위한 지속 가능한 방법이기 때문이다.

대출을 하는 사람은 자신의 역량에 맞는 소액을 대출하기 때문에 재정적 위험을 크게 지지 않아도 되고, 대출을 받는 사람은 타인으로부터 일방적으로 기부를 받는 것이 아니기 때문에 자존감을 확보하면서 자신이 원하는 활동을 할 수 있다. 둘째, 대출자가 KIVA에 올라온 다양한 사업 중에 자신이 원하는 사업에 투자하는 것이기 때문에 자신이 관심 있고 중요하다고 생각하는 사회적 영향력 분야를 선정하여 도움을 줄 수 있다. KIVA는 유사한 관심을 가진 사람들을 서로 연결하여 지속적으로 관계를 유지할 수 있게 한다.

셋째, 더 많은 사람들이 사회적 목적을 가진 사업들에 참여할 수 있도록 하기 위해 더 많은 대출금이 확보될 수 있도록 노력한다. 이를 위해, 지속적으로 크라우드펀딩 방식의 혁신을 추구하고, 대출 조건을 유연하게 구성하며, 다수를 위한 공동체 투자 사업을 발굴하고, 대출 비용을 감소시키기 위해 노력한다. 마지막으로 많은 사람들을 건지기 위해 한 명을 건진다는 관점을 유지한다. 사회적 성과를 달성하기 위해 특정한 한 사람을 지원하고, 이것이 물결효과를 이루어 점점 더 많은 사람들이 자신과 공동체에 기여할 수 있도록 하는 것이다.

KIVA에 대출된 금액은 전액 사회적 사업의 대출에 사용된다. 이것은 KIVA가 자신의 운영을 위한 경비는 해당 사업에서 일정 부분을 차감하지 않고, 선택적 기부자나 스폰서를 통해 운영에 필요한 비용을 조달하기 때문이다.

📷 그림 9-2 KIVA의 활동 범위

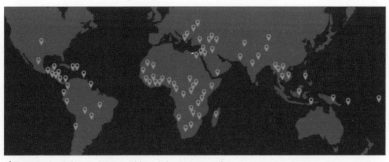

자료: KIVA, https://www.KIVA.org/about/where-KIVA-works.

2) 현황

KIVA는 2018년 2월 현재 〈그림 9-2〉에 나타난 바와 같이 5개 대륙 83개국에서 활동하고 있는 세계적인 비영리단체이다. 누적 기준으로 볼 때 차입자의 수는 270만 명, 대출자의 수는 170만 명에 달하는데

81%의 차입자는 여성들이다. KIVA를 통해 대출된 자금 규모는 누적 기준으로 110억 달러에 달하는데, 매 2분마다 대출금의 펀딩이 이루어지고 있다. 놀라운 것은 이러한 엄청난 대출 규모에도 불구하고 97%라는 매우 높은 상환율을 보이고 있다는 점이다. 이러한 성과의 배경에는 KIVA의 취지에 동참하는 많은 사람들과 기관이 있기 때문이다. 전 세계적으로 450명의 자원봉사자, 110명의 직원, 6,903명의 현장 파트너field partners와 신탁기관이 활동하고 있다.

현장 파트너는 차입자를 선별하고, 선발된 차입자를 위해 KIVA에 펀딩 요청을 위한 포스팅을 하고, 자금이 도착하면 현장에서 자금 대출을 하고, 추후 대출금을 회수하는 일까지 담당한다. 이들은 소액금융 기관이 대부분이나, 그 외 학교, NGO, 사회적 기업들도 현장 파트너로 활약하고 있다. 신탁기관들은 대출을 보증하는 역할을 한다.

그림 9-3 Lindiwe와 Lee Juice

3) 사례

Lindiwe는 22세의 짐바브웨 시골 여성이다. 엄마는 과부이며, 너무 가난하여 돈이 항상 부족했고, 배를 곯은 상태로 학교에 가는 것은 다반사였으며, 신발도 없고, 공부할 펜과 연필도 없었던 젊은 여성이다. 그렇게 어려운 삶을 이어 가던 중 KIVA의 대출은 그녀에게 엄청난 변화를 가져다주었다. 지금 그녀는 KIVA의 도움으로 자신의 집에서 만든 주스와 소다를 그녀의 가게에서 판매하고 있다. 병에는 일일이 손으로 붙인 상표 'Lee Juice'가 붙어 있는데 이는 그녀의 별명을 딴 것이다.

그녀가 주스와 소다를 만들어 판매하고자 했던 이유는 마을 가까이의 광산에 광부들이 많았기 때문이다. 이들은 중노동에 시달리면서 목이 말라도 시원한 음료수를 원하는 만큼 마실 수가 없었다. 전국적 상표나 국제적 상표를 가진 음료수들은 이들에게 너무 비쌌기 때문이다. Lindiwe는 KIVA에서 11명의 대출자가 제공해준 $500와 현장 파트너의 사업 훈련 및 지도를 바탕으로 이들을 대상으로 유명 브랜드의 절반 가격에 주스와 소다를 공급했고 이것이 광부들에게 인기를 얻으면서 사업이 급속히 성장하였다. 그리하여 과거에는 한 주일에 20리터 정도 밖에 생산하지 못하던 것이 KIVA의 도움 이후에는 200리터까지 생산하게 되었다. Lindiwe는 현재 마을에서 3개의 사업을 운영하고 있다. 가금 사업, 작은 가게, Lee Juice 사업이 그것인데 그녀는 이 세 사업을 통틀어 Lee Investments라 이름 붙였다.

Lindiwe는 특히 소녀들에게 관심이 많은데 소녀들이 학교에 가고, 그들이 이루고 싶은 것을 이룰 수 있도록 돕는 것을 가장 즐거워한다. KIVA로부터의 대출에 대한 이자는 마을의 다른 소녀와 여성들에 대한 멘토 역할과 교육을 수행하는 자원봉사 활동으로 대신한다.

사업이 성공함에 따라 자신에 대한 자부심도 매우 높아져서, 이제는 자신이 독립적으로 하고 싶은 일을 할 수 있다는 확신을 가지고 있다. 그녀는 "인생은 당신이 만드는 것이다. 성공은 우리 손 안에 있다."라고 말한다. 여성들, 특히 소녀들에게 롤 모델이 되고 싶어 하는 그녀는 현재 미래를 위해 한 달에 $10씩 저축을 하고 있으며, 자기 마을의 1명의 여성을 선발하여 자신의 사업에 참여시킴으로써 여성들의 역량 강화에 힘을 보태고 있다.

한국의 기부 사이트

해피빈

　한국의 대표적 온라인 기부 사이트로 '해피빈', '같이가치', '쉐어앤케어' 등을 들 수 있다. 해피빈은 네이버에서 제공하는 서비스로 2005년에 시작하였고 '해피빈'은 행복한 콩이라는 뜻이다. 인터넷 기업의 특징을 살린 사회공헌 방식인데, 사회공헌을 하고자 하는 단체들이 해피빈을 통해 홍보를 할 수 있도록 도와주고 다른 한편으로는 기부자들이 기부를 간편하게 할 수 있도록 지원한다. 네티즌들은 네이버 블로그나 카페에 글쓰기, 이벤트 배너 클릭 등 NHN이 온라인에서 제공하는 다양한 활동에 참여함으로써 무료로 콩을 획득하는데 콩 1개의 가치는 100원이다. 자금이 필요한 각종 사회단체나 기관들은 해피로그라는 블로그를 작성하여 자신들의 활동이나 목적을 널리 알릴 수 있다. 네티즌들은 블로그를 통하여 손쉽게 기부하고자 하는 단체나 기관들의 정보를 얻을 수 있으며, 단 한 번의 클릭으로 손쉽게 기부를 할 수 있다.

　해피빈의 가장 큰 장점은 기부자가 후원한 액수를 100% 후원단체에 전달한다는 것이다. 기부자가 기부를 하고자 해도 현금을 직접 전달하거나 무통장 입금을 하는 경우가 아니라면 금융사가 카드 수수료, CMS 수수료, 지로 수수료 등을 떼어 간다. 해피빈의 경우는 기부자가 수수료를 내는 결제방식을 선택하더라도 휴대폰 수수료는 KT 모빌리언스가 후원하고 나머지 비용은 해피빈 재단이 지원하여 전체 기부금액이 기부자가 원하는 단체에 기부되도록 한다.

　해피빈 사이트에 가면 연도별 및 누계로 사용자와 기부금 액수가 1분마다 수정되어 보고되고 있다. 2018년 3월 현재 누적 사용자 1,400만 이상, 누적 기부액

800억 이상을 보이고 있다. 평균적으로 하루 600만 원 이상의 기부금이 모이고 있으며, 초창기에는 미미했으나 점차 그 규모가 커지고 있다.

주: 해피빈, https://happybean.naver.com/.

쉐어앤케어

　최근에 만들어진 기부사이트로 2015년 7월에 설립된 '쉐어앤케어'가 있다. 기부 생태계의 가장 큰 애로사항은 기부를 하고자 하는 사람들과 공익적 사업을 하고자 하는 사람들 사이에 간극이 너무 크다는 것이다. 사회적 사업을 하고자 하는 사람이 기업의 후원을 받으려 찾아가도 그 기업 재단의 목적과 방향에 맞지 않으면 후원을 받기가 어렵고, 따라서 기업의 담당자들은 미안한 마음을 가지면서도 거절을 해야 하는 경우가 다반사다.

　반면 공익적 목적을 위해 자금을 준비해 놓은 기업들은 어느 곳에 자신들의 목적에 맞는 사회적 수요가 있는지 몰라서 자금지원을 원활하게 하지 못한다. 쉐어앤케어는 이러한 문제점을 완화시키기 위하여 자금이 필요한 비영리단체와 자금을 지원하고자 하는 기업을 잇는 플랫폼 역할을 한다.

　돕고자 하는 이야기나 좋은 이야기를 쉐어앤케어 사이트에 올려놓고 이야기를 페이스북에 공유할 때마다 기업이 1,000원을 기부해준다. 또한 담벼락에 '좋아요'가 하나 생길 때마다 200원씩이 추가로 기부된다. 이들 통해 수많은 이야기들이 페이스북을 통해 퍼져나가고 이로 인해 후원기업이나 투자자들은 돕고자 하는 사업이나 기업들을 좀 더 쉽게 발견한다. 기업의 입장에서는 기업 홍보가 되는 이점을 누릴 수 있다.

이 사이트는 2016년 4월 회사명을 '쉐어앤케어'로 바꾸면서 본격적으로 활동을 시작하였는데, 당시 사용자가 1만 명, 누적 기부금이 1억 원 정도에 불과했다. 현재는 실시간으로 몇 명이 사용하고 있고 얼마가 모금됐는지가 나타나는데, 2018년 3월 기준으로 52만 명 이상이 참여하여, 누적 금액으로 28억 정도가 기부되고 있다. 초창기에는 100만 원 모금하는 데에도 75일 정도가 걸렸으나, 현재는 하루에 700만 원이 모금될 때도 있어 해피빈의 모금 규모와 맞먹는 정도가 되고 있다.

주: Share&Care, https://www.sharencare.me/.

그러나 전 세계적으로 모금 사이트가 100만 개가 넘고, 싱가포르 같이 작은 도시국가도 모금 사이트 수가 300~400개 정도가 되는 상황에서 한국의 모금 사이트 기부 생태계는 매우 미약한 실정이다. 또한 우리나라는 모금 단체 간 불균형도 큰데, 공익법인이 3만 개가 넘지만, 상위 10개 단체가 전체의 75%를 모금하는 실정이다. 향후 건전한 기부 생태계가 조성되도록 민, 관, 산, 학이 함께 머리를 맞대어 좋은 방안들을 찾아야 한다.

사람을 위한 금융

사람을
위한 금융

제**10**장

사회적 **거래소**

제10장

사회적 거래소

    자본주의 사회는 민간의 경쟁과 이로 인한 효율성에 바탕을 두고 있다. 이러한 경쟁의 과정에서 탈락한 사람들이나 사회적 약자를 지원하는 것은 정부의 몫인데 재정의 한계로 인해 정부의 역할에도 한계가 있을 수밖에 없다. 이러한 상황을 타개하기 위하여 기업 활동과 자본시장을 활용하면서 사회적 약자를 지원하는 방안을 고민하게 되었다.

    사회적 약자를 지원하기 위해 공공성을 띤 사업을 수행하는 주체로는 사회적 기업, NGO, CSR 활동을 수행하는 기업 등이 있다. 사회적 목적을 잘 수행하기 위해서는 이들 조직의 지속가능성이 확보되어야 하는데, 이를 위해서는 일회성 지원이 아닌 지속적이고 안정된 자금조달 시스템이 갖추어져야 한다.

    이러한 자금조달 시스템의 하나로 일반 증권거래소와 유사한 기능을 하는 기구를 생각하게 되었는데, 사회적 목적을 위한 자금의 수요와 공급을 연결시켜 주는 사회적 거래소Social Stock Exchange; SSE가 그것이다.

1. 사회적 거래소란?

사회적 거래소는 사회적 프로젝트를 수행하는 주체가 사회적 투자자나 일반 대중으로부터 자금을 공급받을 수 있도록 하는 사회적 장치 중의 하나이다. Zandee 2004는 사회적 거래소를 다음과 같이 정의한다. 사회적 문제 개선을 위한 프로젝트를 가진 비영리 정부기관과 사회적 문제 해결에 관심을 가지고 있는 사회적 투자자를 연결하면서 동시에 가치를 창출할 수 있는 환경을 제공하는 자본시장의 거래소와 유사한 새로운 형태의 자금조달 시스템이다. 사회적 거래소의 필요성에 대해서는 Emerson & Wachowicz 2000가 자선가나 사회적 투자자들이 공동으로 펀드를 조성하여 비영리기업의 소유권에 투자하고, 사회투자수익률 Social Return on Investment; SROI과 같은 사회적 수익과 성과 평가 기준에 근거하여 성과를 보고하는 비영리 주식시장의 창설을 주장하였다. Yunus & Weber 2007도 기존의 주식시장에서 투자자들이 자신들의 욕구에 맞는 기업을 선정하듯이 사회적 투자자들과 다양한 사회 문제를 개선하고자 노력하는 사회적 기업이나 프로젝트를 연결시켜 주는 사회적 거래소의 설립을 제안하였다.

사회적 프로젝트를 수행하는 중요한 주체로 사회적 기업을 들 수 있는데 한국의 사회적 기업은 많은 경우 국가 예산에 근거한 공적 지원을 받고 있기 때문에 장기적이며 지속적인 성장가능성이 불투명한 경우가 많다. 또한 많은 사회적 기업들이 단기적으로 재무적 성과를 제대로 올리지 못해 장기적 성장가능성이 있음에도 불구하고 저평가되는 경우도 많다. 이 경우 새로운 사회적 투자시장을 형성하고, 사회적 기업들이 적절히 평가될 수 있도록 하는 장이 필요한데 사회적 증권거래소가 이러한 역할을 수행할 수 있다.

사회적 증권거래소는 사회적 기업이 직접 금융을 통한 자금조달을 할 수 있는 장을 제공할 뿐 아니라, 그 기업들의 목적 달성 정도를 투명하게 감시하고 성과 향상을 유도함으로써 기업의 성장을 지원하면서도 사회적 목적을 달성하도록 한다. 사회적 기업들은 공신력 있는 사회적 거래소를 통해 다양한 자금을 조달받을 수 있고, 공신력을 확보하기 위한 사회적 거래소의 감독 활동으로 인해 기업 자체의 공신력도 올릴 수 있다. 사회적 기업의 입장에서는 시장 친화적인 자금조달 창구가 만들어지면서 자생력도 확보할 수 있게 되는 것이다.

　〈표 10-1〉에서 보는 바와 같이 사회적 거래소는 일반 거래소와는 달리 영리를 추구하면서도 사회적·환경적 문제를 해결하고자 하는 기업들을 상장시켜 거래하도록 한다. 거래되는 증권은 주식이나 채권 등 일반 거래소에서 거래되는 증권을 포함하여 사회적 목적을 달성하기 위한 특수한 형태의 증권도 가능하다.

표 10-1 일반 거래소와 사회적 거래소의 차이

구분	목표	증권	상장 기준	공급자	투자자	평가 기준
일반 거래소	영리	주식, 채권	재무적+ 비재무적	영리 기업	일반 투자자	정량+정성
사회적 거래소	영리+ 비영리	사회적 주식, 채권	재무적+ 비재무적+ 지속가능성	영리+비영리 기업	사회적 투자자	정량+정성 (재무적, 사회적, 환경적)

　상장 기준은 일반 기업들에 적용되는 재무적·비재무적 기준에 더하여 사회와 환경적 성과 관련 기준이 추가된다. 사회적 거래소에서 증권을 발행하는 자는 영리 기업뿐만 아니라 비영리 기업일 수도 있고, 투자자 역시 영리의 달성과 사회적 문제 해결에의 기여라는 두 가지 목표를 가진 사람들이다. 상장된 기업에 대한 평가 기준은 일반적인 정량적 기준과 정성적 기준이 다 포함되지만 정성적 기준에 사회·환

경적 요인이 포함된다. 이 경우 요인 자체가 정의도 애매하고 측정도 어려울 수 있기 때문에 가능한 한 이러한 점을 최소화한 기준을 사용해야 한다.

현재까지 전 세계적으로 설립된 사회적 거래소를 보면 그 기능과 운용방법에 따라 프로젝트형과 증권형으로 나눌 수 있다. 프로젝트형은 브라질과 남아프리카공화국의 사회적 거래소를 예로 들 수 있는데, 특정 프로젝트에 대한 자금조달 기능만 수행하여 증권거래소 기능의 일부만 수행한다. 즉 상장, 유통, 건전성 규제, 퇴출 등 종합적인 거래소의 기능을 수행하는 것이 아니고 특정 사회적 프로젝트와 사회적 투자자를 연결만 해주는 형태의 거래소이다. 증권형은 사회적 기업의 주식이나 채권을 상장시켜 자금을 조달하는 것으로 다시 상장형, 유통형 등으로 구분할 수 있다. 상장형 사회적 거래소의 예로는 싱가포르의 Impact Partners를 들 수 있는데, 투자자와 사회적 기업을 연결시켜 주는 기능을 담당하나 투자형태에 대한 어떠한 제약도 없다. 다시 말해 중개서비스만 제공하고 투자구조와 조건에 대해서는 어떠한 조언이나 권유도 하지 않기 때문에 엄밀한 의미의 증권 상장과는 구별된다. 마지막으로 유통형은 싱가포르의 Impact Capital이나 캐나다 및 영국의 사회적 거래소를 그 예로 들 수 있다. 주식을 상장시킨 후 이를 시장에서 유통시킬 계획까지 가지고 있기 때문에 프로젝트형이나 상장형보다 더 확장된 형태의 서비스를 제공하는 사회적 거래소이다.

2. 사회적 거래소의 기능

일반적으로 사회에는 사회적 문제를 개선하려는 사업가와 사회적 투자자들이 공존하고 있으나, 이 둘 사이에 정보가 충분히 알려져 있지 않아 연결이 되지 않는 경우가 대부분이다. 따라서 사회적 거래소의 가장 중요한 기능은 이 두 집단을 효과적으로 연결시켜 주는 것이다. 다음으로 대부분의 사회적 기업이나 프로젝트들은 그 규모가 크기 않고 그 내용이 사람들에게 잘 알려져 있지 않다. 그러다 보니 사회적 문제 해결을 위한 자금의 수요자와 공급자가 서로 상대방을 안다고 하더라도 두 집단 사이의 사업에 대한 정보비대칭 문제가 심각하다.

우선 사회적 사업가가 해당 사업의 성패 여부와 사회적 영향력에 대한 충분한 지식이 있다고 하더라도 해당 사업이 사회적 투자자에게 잘 알려져 있지 않아 자금조달이 어려운 경우가 많다. 이때 사회적 거래소는 사업에 대한 공신력을 제공할 수 있고, 상장과 운영과 관련한 다양한 제도를 운영함으로써 투명성을 높일 수 있다. 이로 인해 불가능했을 사업이 자금을 조달할 수 있을 뿐만 아니라 자금을 조달할 수 있는 사업도 해당 사업의 자본비용이 낮아질 수 있다. 이에 더하여 자금의 수요자와 공급자를 연결시키는 과정에서 해당 사업에 대한 수요의 정도가 집단 지성에 의해 결정되므로 사회적 사업가도 본인이 수행하고자 하는 사업의 성공가능성을 가늠할 수 있게 되고, 이로 인해 사회적 사업가라는 희소한 자원이 낭비되지 않도록 하는 효과를 발생시킨다.

3. 사회적 거래소의 현황

사회적 거래소는 2003년 브라질에서 처음 도입된 이후 2006년에는 남아프리카공화국의 사회적 거래소가 개설되었고, 이후 캐나다, 영국, 싱가포르에도 사회적 증권거래소가 개설되어 운영 중이다. 다음에서는 각 나라의 사회적 거래소 현황을 간략히 살펴본다.

1) 브라질

브라질의 BVS&A Bolsa de Valores Sociais e Ambientais 는 영어로는 Socio-Environmental Investment Exchange로 2003년에 설립된 세계 최초의 사회적 증권거래소이다. 성공한 사업가인 셀소 그레코 Celso Grecco 가 아이디어를 제시하고 브라질 증권선물거래소 BM&F BOVESPA가 사회적 책임 차원에서 화답하면서 설립이 진행되었다. 2004년 UN Global Compact에 세계 최초로 가입하였으며, UNESCO UN Educational Scientific and Cultural Organization, UNDP UN Development Programme 등의 공식 협조를 받고 있는 거래소이다. 브라질 증권선물거래소가 100% 출자한 자회사이어서 투자자들의 신뢰를 얻는 강점이 있으며, 중개, 수수료, 광고, 웹사이트 유지, 전문가 고용 등 운영비용을 모두 브라질 증권선물거래소가 부담하기 때문에, 조달된 자금 전액이 사회적 기업에 전달된다.

사회적 프로젝트를 상장하고 '사회적 주식'을 발행함으로써 사회적 프로젝트에 관심이 있는 사회적 투자자 social investor와 자금이 필요한 비정부기구 Non-governmental Organization; NGO 나 비영리단체 Non-profit Organization; NPO를 연결해 준다는 측면에서 증권거래소를 모방하고 있다. 그러나 온라인 전용으로 운영되고 있으므로 투자 플랫폼이라기보다는 온라인 알선 플랫폼에 가깝다.

(1) 조직 및 운영

브라질거래소가 BM&F-Bovespa Institute에 매년 500만 달러를 출연하는데, 이 중 25만 달러는 BVS&A 운영비로 사용된다.

BVS&A를 관장하는 BM&F-Bovespa Institute의 이사회는 총 4명으로 구성되는데 의장은 브라질거래소 이사장이, 3명의 이사는 거래소 임원이 겸임한다. BM&F-Bovespa Institute의 운영 실무를 총괄하는

CSO Chief Superintending Officer 는 브라질거래소의 지속가능경영 부장급이 겸직하고, 운영실무자 1명, 프로젝트 관리자 2명을 자체 채용하여 운영한다.

상장심사나 관리를 위한 기술자문을 얻기 위하여 외부전문가를 활용한다. 상장을 위한 최종 의사결정은 이사, CSO, 외부전문가 각 1인이 포함된 상장위원회에서 이루어진다.

(2) 상장 및 모금 절차

상장을 원하는 NGO, NPO들이 상장신청서와 목표조달액이 적힌 사회적 기업 또는 프로젝트의 사업설명서를 제출하면, 비영리재단 등 제3섹터와 민간전문가로 구성된 전문 심사위원단이 인터뷰, 현장심사 등을 통해 평가하여 상장 추천 기업 목록을 상장위원회에 보낸다.

상장 결정은 원칙적으로 상장위원회의 재량이지만, 일반적으로 연3회의 정기 상장심사를 통해 이루어진다. 상장위원회의 최종 승인을 거친 기업이나 프로젝트들은 BVS&A 웹사이트에 상장되어 BM&F BOVESPA와 전국의 120여 개 사회적 중개회사 Social Brokerage Firms를 통해 판매되며, 신용카드나 계좌송금의 형태로 펀딩이 이루어진다.

상장 후 모집기간은 12개월이며, 모금액의 100%가 달성되면 전액 상장된 사업의 주체에게 전달된다. 상장된 프로젝트가 12개월이 지나도 모금 목표액을 달성하지 못할 경우에는 상장폐지하거나 또는 프로젝트를 재심사한다.

상장폐지가 되는 경우 모금액은 유사 프로젝트에 배분하는데 동일 분야 여부, 동일 지역 여부, 수혜대상, BVS&A의 재량 순으로 우선순위를 매긴다. 특정 프로젝트에 대해 첫 번째 기부금을 수령한 사회적 기업은 6개월 내에 프로젝트를 시행하여야 한다.

(3) 상장기준

BVS&A에 상장할 수 있는 대상은 비영리단체이지만 공식적으로는 사회적 수익을 창출할 수 있는 '사회적 이익social profit을 위한 기업'으로 규정하고 있다. 브라질에서 설립되고 3년 이상 영업 실적이 있는 NGO는 상장자격이 있다. 다만, 동일 기관이 동시에 두 개의 프로젝트를 상장할 수 없고, 동일 지역에서 유사한 프로젝트를 복수로 상장할 수 없다. 상장 선정에 있어 사업 목표가 UN의 기준에 부합하는지가 중요한 요소인데, 이로 인해 2003년에 거래소가 시작된 이후 이 거래소에 상장하기 위한 주요 프로젝트 주제가 UN 지침의 발전에 따라 다음과 같이 3단계로 분류 기준이 변경되어 왔다BVS&A 2017.

① 2003~2011년

2003년에 이 거래소가 설립된 이후 초기에는 교육을 목표로 한 사업에 중점을 두었다. 2007년부터는 환경 프로젝트를 통합하기 시작하여 프로젝트를 사회적 또는 환경적 두 가지 기준에 따라 분류하였고, 거래소를 'Bolsa de Valores Sociais e AmbientaisBVS&A'라고 불렀다.

② 2012~2015년

UN의 새천년 개발목표Millennium Development Goals; MDGs에 따라 주제별로 프로젝트를 분류했다.

- MDG 1 : 절대빈곤 및 기아퇴치 – 자격증 교육, 공정무역, 강제노동 및 부채로부터의 탈출, 식품 위생
- MDG 2 : 보편적 초등교육의 달성 – 기본교육 및 공교육의 질 향상, 학교 경영 개선
- MDG 3 : 성평등과 여성의 역량 강화 – 여성 보수 증가, 기회 평등, 가정폭력 근절, 성적 착취 및 학대와 성매매 근절

- MDG 4 : 유아사망률 감소 – 예방접종, 모유 수유 등 영유아 질병 예방, 지역보건기관 훈련
- MDG 5 : 산모 건강 향상 – 산전 관리 및 정기검진 등 의료서비스 개선, 산모 건강을 위한 예방 활동
- MDG 6 : 질병과의 전쟁 – 공공의료 서비스 및 성병 치료, 말라리아나 댕기열 등의 감염성 질환의 예방 및 치료
- MDG 7 : 환경적 지속가능성 확보 – 공공과 민간의 지속가능발전, 종다양성, 수자원 보호, 기후 변화
- MDG 8 : 개발을 위한 범세계적 협력 – 개도국에서 성공한 사회환경적 프로젝트, 정보접근성 및 투명성, 제3섹터의 역할

모든 프로젝트 중에서 어린이, 청소년, 청년, 노년층, 장애인, 토착민, 여성, 성적 소수자 등을 대상으로 한 프로젝트는 우선적 투자가 가능하도록 하였다.

③ 2016년 이후

17개의 유엔 지속가능개발목표Sustainable Development Goals; SDGs를 반영한 5P를 기준으로 프로젝트를 분류하였다. 5P는 인류People, 번영 Prosperity, 평화Peace, 파트너십Partnership 및 지구Planet를 의미한다.

(4) 투자 및 사후관리

투자자들은 자신이 원하는 주제나 대상에 맞게 한 프로젝트당 최소 20헤알원화 약 11,000원부터 투자할 수 있으며, 여러 개 프로젝트로 포트폴리오를 구성할 수도 있다. 투자자들은 BM&F-Bovespa Institute가 발행한 기부금 영수증을 받지만 개인에 대한 세금혜택은 없다. 다만, 투자 기업에 대해서는 영업이익의 2% 한도의 세액공제가 가능하도록 하여 민간투자에 대한 동기를 부여하고 있다.

투자자들은 프로젝트 실시 후 기금이 다 사용되지 않을 경우 프로젝트의 성과에 따라 기금을 되돌려 받을 수도 있으며 이를 다시 기부하는 것도 가능하다.

투자자 입장에서 보면 브라질 거래소가 상장된 비영리 사회적 기업들의 활동을 감시 감독하고 컨설팅을 해주므로 안정성이 확보된다. 또한 BVS&A가 자금 집행 이후 현장 실사와 점검을 수행하고 웹사이트를 통해 사회적 기업의 진행 상황, 투자 현황 등을 게시하기 때문에 자신들이 투자하고 있는 사회적 기업들의 영업성과를 잘 알 수 있다는 장점이 있다.

자금을 지원받은 프로젝트나 사업주체는 분기별 정기보고서를 제출하고, 프로젝트의 실행이 완료된 이후 최소 5년간 모든 관련 자료를 보관하여야 한다. 자금이 집행된 이후일지라도 보고서 미제출 등 규정위반 사례가 발생하거나, 위원회의 상장폐지 결정이 있거나, 해당 프로젝트 추진주체가 상장폐지를 신청하는 경우 프로젝트의 상장이 폐지될 수 있다.

(5) 실적

BVS&A는 2003년 10월, 30개 사회적 프로젝트에 300만 달러의 민간자본을 조달한다는 목표로 상장을 시작하였다. 이 중 최초로 상장된 8개의 프로젝트는 목표 투자금액의 100% 투자를 달성하였고, 2004년 9월에는 총 39개의 프로젝트에 대해 자금을 집행하였다. 전체적으로 보면, 2003~-2011년 기간에 90개, 2012~2015 기간에 44개, 2016년 이후 2017년 말까지 20개의 프로젝트가 완료되어 800만 달러 이상의 자금이 모금되었으며, 2017년 말 기준으로 20개 사회적 기업이 상장되어 자금을 모집 중이다BVSA 2017.

그림 10-1 브라질 사회적 거래소

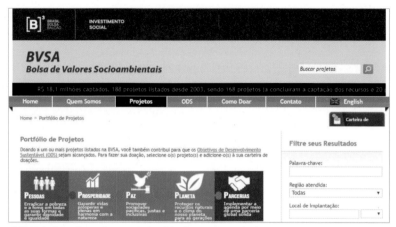

자료: BVSA, https://www.bvsa.org.br/portfolio-de-projetos-concluidos

2) 남아프리카공화국

남아프리카공화국의 The South African Social Investment Exchange SASIX는 Greater Capital Group에 의해 세계에서 두 번째로 만들어진 사회적 증권거래소로 2006년 6월 개장했다. 장기적 사회 발전을 위해 잠재적인 사회적 투자자를 발굴하고, 지명도는 낮으나 사회적 이익 창출 효과가 큰 사회적 기업에 자금을 지원할 목적으로 설립되었다. SASIX가 제시하는 5가지 사회적 투자 원칙은 다음과 같다SASIX 2017.

- 투자의 결과를 중시한다.
- 명확히 정의된 사회문제를 해결하기 위해 종합적인 전략을 구성한다.
- 이해관계자를 이해하고 이들을 참여시킨다.
- 조직의 지속가능성을 고려한다.
- 전략적 동반자를 만든다.

브라질의 BVS&A를 모델로 하여 만들어져 이와 유사한 사회적 프로젝트 상장형 거래소이며 투자 플랫폼이라기보다는 온라인 알선 플랫폼이다. 사회적 가치에 관심 있는 투자자들이 프로젝트의 유형, 목적, 장소 등에 따라 사회적 기업을 고르고 파악할 수 있다. 전통적인 주식거래소와 마찬가지로 운영되는데 투자자들은 부문sector, 지역province 등 두 가지 구분에 따라 사회적 프로젝트를 추진하는 기업의 주식을 살 수 있다. 주요 부문은 식품안전 및 농업, 소규모기업 개발, 취약계층 보호, 동물보호, 교육, 건강, 환경보전 등이다. 최소 투자금액은 1주에 해당하는 50R약 3,880원이다. 'R'은 남아프리카공화국의 화폐인 Rand의 표기이다.

SASIX는 프로그램명이고, 법률적 실체는 GGSA Trust와 GC이다. GGSA Trust는 비영리기관이고 GC는 제한적 영리기관이다. 각 프로젝트들은 12주 동안 시행되는 거래소 내의 엄격한 평가 체계를 거쳐 상장되며, 상장된 프로젝트들의 투자설명서가 웹사이트와 인쇄물을 통해 제공된다. 기금이 모집되면 사회적 기업은 프로젝트를 시작하는데 2006년 개장 이후 90개 이상의 프로젝트에 1억 400만 Rand가 지원되었다.

3) 영국

영국에서는 Pradeep Jethi와 Mark Campanale가 런던 증권거래소, 록펠러 재단, City of London Corporation, Big Society Capital, Joseph Rowntree Charitable, Panahpur 벤처 펀드 등 다수 기관의 지원을 받아 2013년 6월에 사회적 증권거래소Social Stock Exchange; SSE를 설립하였다. 일반대중을 상대로 사회적 기업에 대한 정보를 전달하는 역할을 하고 있으며, 사회적 거래소 사이트에는 사회적 기업들의 사회적 임팩트 데이터를 비교 평가하고 표준화하는 자료들을 게재하고 있다. 사회적 기업들은 런던 증권거래소에 상장되어 있으면서 사회영향검증social impact test을 통과하고 SSE 요건을 충족시켜야 이 사이트에 등록될 수 있다. SSE 요건은 사회적 목적에 특화되어 있는 기업들 중 상장기간이 2년 이상이어야 하고 일정 수준 이상의 수익을 창출하고 있어야 한다는 것이다. 상대적으로 상장요건을 맞추기가 쉽지 않아서 2015년 현재 11개의 기업만 상장되어 있고, 상장허가를 기다리고 있는 기업은 12개 사이다강준영 2017. 독립적 전문가들이 사회적 영향 검증을 수행하고, 사회적 증권거래소의 임팩트리포트SSE Impact Report를 발간하고 있다. 평가영역은 다음과 같다. 사회적 기업의 사회적 혹은 환경적 미션; 목표 이익; 제품, 서비스, 운영이 사회적 임팩트를 창출하는 방법; 이해관계자들과의 관련성 및 논의하는 방법; 사회적 영향력의 증거 및 이를 모으고 측정하고 보고하는 방법 등. 사회적 투자자가 되려는 사람들을 위한 조사 서비스도 제공한다. 사회적 증권거래소가 거래준비를 하고 그 실질적 작업을 계속하고 있기 때문에 향후 제대로 된 유통형 사회적 거래소로 발전할 가능성을 보이고 있다.

4) 싱가포르

싱가포르의 사회적 거래소는 Impact Investment ExchangeIIX라고 불리는데 방글라데시 출신의 투자은행가인 듀린 샤나즈Durreen Shahnaz가 설립자이며 싱가포르 정부, ADB, 록펠러 재단의 출연으로 개장된 증권 상장형 거래소이다강준영 2017. Impact PartnersIP와 Impact Capital로 구성되어 있는데 Impact Partners는 2011년 3월, Impact Capital은 2013년 6월 개장했으며 싱가포르 주식거래소와는 무관하게 운영되고 있다. 경제적으로 생존 가능한 영리·비영리 사회적 기업을 대상으로 운영하며, 기존 금융시장과 비슷한 수준의 규제를 한다. 사회적 기업과 임팩트투자펀드에 대한 평가 등 영국의 사회적 증권거래소와 비슷한 기능을 한다. 싱가포르의 사회적 증권거래소는 측정규범을 갖고 있다는 점에서 영국이나 캐나다와 유사하지만, 투자 여부를 판단할 만한 질적 평가는 아직 이루어지지 않고 있다. 비영리기구도 증권발행 리스트에 포함시켰는데 포함된 비영리기구들은 채권발행이 가능하다.

구체적으로, Impact Partners는 기부자와 기관을 포함한 사회적 투자자들이 투자자금을 확보하려고 하는 사회적 기업들과 그들의 사업계획에 접근할 수 있도록 해주는 독점적 연결망이다. 예비심사를 거친 사회적 기업들과 투자자들을 연결해주는 온라인 플랫폼의 형식을 취하고 있으며, 투자는 Impact Partners 사이트를 통해서만 진행된다. 투자자들은 사이트를 통해 예비심사를 거친 사회적 기업에 대한 검토와 평가를 할 수 있다. 투자자와 사회적 기업을 이어주는 중개서비스를 제공할 뿐이며 투자자와 사회적 기업 사이의 협상이나 투자구조와 조건에 대해서는 어떠한 조언이나 권유도 하지 않는다. 투자액수에 따라 투자자에게 차별화된 비용을 적용시키고 프리미엄 멤버에게는 연간 회비를 받음으로써 수익을 창출한다. 구체적으로 Impact Partners가 자격요건을 갖춘 등록 사회적 기업에게 제공하는 서비스는 다음과 같다 Impact Partners 2017.

- 잠재적 투자자에 대한 접근 : 사전 선별된 사회적 영향력 투자안에 투자하고자 하는 다양하면서도 국제적인 투자자 풀에 대한 접근을 제공한다.
- 신뢰도의 향상 : 모든 IP에 상장된 사회적 기업들은 재무적 지속가능성뿐만 아니라 사회적·환경적 영향력 측면에서 엄정한 선발과정을 거쳤기 때문에 투자자들이 신뢰를 하게 된다.

- 목표 지향성 투자 : 경제적 측면과 더불어 사회적·환경적 성과에 자신들의 자금을 투자하고자 하는 영향력 투자자를 연결시켜 준다.
- 다양한 자금원 : 자금력이 있는 개인, 가족, 영향력 투자기금과 같은 다양한 투자자들로부터 지분, 부채, 그 이외 다른 형태의 자금 조달이 가능하게 해 준다.
- 사업 지원 : 주요 투자자 문서를 작성하고 계약을 체결하는 데 있어 필요한 지원을 제공한다.
- 사후 서비스 : 투자자들의 사후 통제와 보고 요구사항, 예를 들어 제3자의 검증을 받은 지속가능성 평가보고서 제공, 사업계획 갱신, 영향력 평가 등과 관련하여 필요한 서비스를 제공한다.
- 네트워크 : 투자자, 영향력 사업가, 그리고 재무조언가, 법률가, 회계사, 기술서비스제공자 등으로 연결된 역동적이고 확장적인 네트워크의 일원이 되게 한다.
- 특별 행사 : 선발된 사회적 기업은 연차 사회적 기업 홍보전, 콘퍼런스, 관련된 산업 행사 등에 특별한 초청을 받아 투자자들에게 자신들의 사업에 대해 홍보할 기회를 얻는다.

Impact Partners를 통하여 사회적 기업이 투자를 유치하는 절차는 다음과 같다Impact Partners 2017.

① 등록

사회적 기업이 Impact Partners에 상장을 신청한다. 신청을 위해서는 기업 정보가 제공되어야 하고, 투자 세부사항이 공유되어야 하며, IP의 조건 및 요구사항에 대한 동의가 이루어져야 한다.

② 선별

사회적 기업이 상장을 위한 자격요건을 충족시키는지에 대한 선별

작업이 진행된다. 선별은 IP 팀과의 전화 면담을 포함하여 사회적 기업의 핵심 문서에 대한 검토 과정이 포함된다.

③ 기술적 지원

필요한 경우 기술적 지원을 하는데 만일 사회적 기업이 투자를 받을 가능성은 높으나 상장기준을 완전히 충족시키지 못하는 경우 맞춤형 지원이 제시된다. 지원은 주요 투자자 문서와 관련하여 사회적 기업을 도와주는 데에 초점이 맞추어져 있다.

④ 상장

상장이 승인되면 IP 팀이 해당 회사의 정보를 관련 사이트에 올린다. 사이트에 올려지면 이 회사의 정보가 IP의 회원 모두에게 전파된다.

⑤ 투자자에게 소개

IP 팀은 해당 사회적 기업에 관심을 가질 만한 투자자들을 접촉한다. 해당 사회적 기업과 이 기업에 관심이 있을 투자자가 물색되면 이 둘을 소개시킨다. 조건이 맞으면 사회적 기업의 홍보케이스에 해당 사회적 기업을 홍보한다.

⑥ 거래 지원

IP 팀은 해당 사회적 기업에 대한 투자 과정에 있어 기업을 지도하고 인도한다.

⑦ 투자 확보

투자가 확보되면 IP 팀은 해당 사회적 기업을 언론에 알리고 다음 단계에 대한 합의를 도출한다.

⑧ 사후 검토

투자 이후에도 선발된 사회적 기업은 투자자들에게 자신들의 경제, 사회, 환경적 성과를 주기적으로 알려야 한다.

Impact Capital은 그 기능이 전통적인 거래소와 유사한데 상장, 거래, 청산과 증권 결제 등을 지원함으로써 투자자들에게 유동성을 공급하는 것이 목표이다. 단지 싱가포르에 투자하는 사회적 기업뿐만 아니라 전 세계를 대상으로 지속가능성 관련 사회적 기업을 지원한다. 금융과 개발을 연계함으로써 사회적 목적을 달성하고자 하나 위험도가 높은 프로젝트들을 대상으로 주식과 채권의 발행을 통해 사회적 기업이 자본 증식을 할 수 있도록 도와주는 기구이다. 투자자들은 증권의 가격 변동으로부터의 이익뿐만 아니라, 배당금이나 이자를 통해 경제적 이익을 얻을 수 있고, 투자를 통해 늘어난 사회적 영향력 달성으로 사회에 기여하는 효과도 얻는다. 2017년 말 기준으로 27개국의 100개 이상의 사회적 기업에 2,580만 달러의 투자자금이 지원되었다. 이로 인해 1,240만 명의 사람들이 도움을 받았고, 40만 톤의 이산화탄소를 절감하는 효과를 보았다. 이는 950만 그루의 나무 심는 효과와 동일한 것이다Impact Investment Exchange 2017.

5) 캐나다

캐나다의 사회적 증권거래소GREENSX는 온타리오 주정부, TMX 그룹의 지원으로 캐나다의 비영리조직인 MaRS가 북아메리카 대륙 최초로 설립한 사회적 거래소로 2013년 9월에 개장했다. 사회적 기업을 상장시켜 거래되도록 하여 투자자들이 보다 쉽게 사회적 기업을 찾을 수 있도록 하고 소규모 기업들도 쉽게 직접 자본을 조달할 수 있도록 한다. 즉, 브라질이나 남아공과는 달리 GREENSX는 사회적 기업의 주식을 증권거래소에 상장시켜 거래될 수 있도록 설계하여 기업공개가 가능하게 하고, 직접공개Direct Public Offering; DPO한 주식도 투자자들이 그 주식을 거래할 수 있도록 하여 유통시장을 형성해 준다. 직접공개는 일반적 기업공개Initial Public Offering; IPO와는 달리 중간자의 도움이 없이 기업이 직접 증권을 대중에게 공개하는 방식이다. 중간 수수료를 줄일 수 있기 때문에 사회적 기업과 같이 소규모의 기업들에게는 매력적인 기업공개 방식이다. 다른 거래소에 상장되어 있는 기업들과 마찬가지로 GREENSX를 통해 자본을 조달한 기업은 기업의 자율로 주주에 대한 배당 여부를 결정하며 배당금 지불이 의무사항이 아니다.

GREENSX는 완전 독립형 주식거래소에 가깝지만 기관투자가들에게만 투자 참여를 허용하여 크라우드펀딩과는 구분되며, 따라서 '믿을 수 있는 연결자'를 표방한다. 온타리오 주정부가 지원하고 있는데 리포트 발간을 위한 객관적 규범을 가지고 있고, 사회적 기업을 위해 간단한 법적 등록절차도 제공한다. 또한 관심 있는 사회적 투자자들을 사회적 기업들에게 소개하고, 높은 인지도를 활용하여 triple bottom line기업 이익, 환경 지속성, 사회적 책임 등 세 가지 기준으로 기업 실적을 측정하는 경영 원칙 평가수단을 제공한다.

4. 성공을 위한 고려사항

사회적 거래소는 사회에 긍정적 측면이 많지만 아직까지 단지 몇 나라에서만 설치되어 운영 중이다. 사회적 거래소의 시행을 막는 장애 요인들을 살펴본다.

1) 인식 부족

아직까지 사회적 거래소가 무엇인지 아는 사람들의 수는 극히 제한되어 있다. 매우 혁신적인 개념이고 최근에 나온 개념이기 때문이기도 하지만, 적극적인 홍보와 논의가 없는 것이 가장 큰 이유이다. 자본주의의 상징물인 거래소를 사회적 활동과 연계시킨다는 점이 매우 혁신적이고 참신하지만 그만큼 실제 설치 및 작동을 위해서는 기존에 있는 지식을 광범위하게 습득하는 것은 물론 아직까지 각국에서 시도하지 않은 새로운 아이디어를 개발하고 실천하는 노력이 필요하다.

2) 신뢰

가장 근본적인 문제는 신뢰이다. 사회적 거래소는 일종의 시장인데 시장에 참여하는 사람들의 신뢰성이 결여되면 시장 자체가 성립하기 어렵다. 더구나 눈에 보이는 물건이나 용역을 사고파는 것이 아닌 추상적 개념이 많은 사회적 프로젝트를 대상으로 자금을 모집하는 것이기 때문에 참여자들 사이의 신뢰는 더더욱 중요하다. 그러나 아직까지 사회적 활동 분야에서 평가전문가나 중개인으로 활동하는 사람들, 사회적 투자자들, 사회적 기업들 사이에 신뢰가 충분히 쌓여 있지 않다. 물론 가장 큰 이유는 사회적 활동이나 프로젝트를 조직적으로 수행한 역사가 길지 않기 때문에 사회적 활동가 및 사회적 기관으로서의 명성이 쌓일 시간이 충분하지 않았다는 측면이 있으나, 이러한 신뢰 구축을 위한 제반 환경이 마련되지 못한 점도 크다. 향후 이에 대한 다양한 연구와 논의가 진행되어야 한다.

3) 인프라 구축

Yunus & Weber2007는 사회적 거래소의 활성화를 위해서는 용어의 표준화, 정의의 명확화, 사회적 영향력 측정도구 개발, 평가기관의 양성, 보고 형식의 구축, 새로운 재무적 보고서의 개발 등이 이루어져야 한다고 강조한다. 이러한 맥락에서 사회적 거래소를 설립 운영하기 위해서는 우선 사회적 활동이나 사회적 프로젝트가 무엇인가에 대한 합의가 이루어져야 한다. '사회적'이라는 것이 얼핏 매우 분명한 개념으로 보이지만 실제 적용에 들어가면 애매한 경우가 많이 나타난다. 이러한 이유 때문에 사회적 거래소를 이미 운영하고 있는 국가에서도 실행 양상이 다르게 나타나고 있다. 예를 들어, 싱가포르와 남아프리카공화국의 사회적 기업들은 사회적 목적을 우선해야 하는 반면, 영국에서는 사회적 목적이 핵심이지만 우선적 요소는 아니다. 가치평가와 관련된 혼란을 피하기 위해 브라질 모델은 가치평가 자체를 아예 회피하고 있다. 그러나 이렇게 되면 사회적 거래소가 단순히 사회적 기업을 사회적 투자자들에 연결시켜 주는 역할만 하게 되기 때문에 키바KIVA나 킥스타터Kickstarter 같은 크라우드펀딩 사이트와 다를 게 없다. 이러한 측면에서 캐나다의 가치평가는 매우 앞서가는 것으로 보인다. 캐나다는 사회적, 환경적 임팩트를 측정하기 위해 인증 기업 표준을 폭넓게 사용하고 있다.

사회적 효과 측정을 위하여 심사기준, 평가지표에 대한 다양한 측면의 연구개발이 이루어져야 한다. 이는 투자액이 크지 않을 뿐 아니라 그 효과면에서 미래에 큰 이익을 가져다주는 또 다른 영역이기 때문이다. 국가, 지방정부, 자선단체, 재단, NGO 등 공공적 사회적 기관 및 투자자들은 사회적 경제 영역의 힘을 키우기 위해 사회적 투자의 효과를 측정하고 이로 인한 다양한 파생적 효과를 거두기 위해 더 많은 자금을 사회적 측정 연구에 지원할 필요가 있다. 이로부터 창출되는 지식들은 사회적 기관 및 투자자들이 사회적 기업, 사회적 증권거래소 등을 포함해 사회적 활동 전반의 정책을 수립하거나 집행할 때 더 좋은 결정을 내릴 수 있도록 올바른 체계를 제공할 것이다. 이에 부가하여 투명성, 투자 안정성을 제공할 수 있도록 평가 및 지표와 관련된 각종 정보를 공개하는 것도 매우 중요하다.

4) 사회적 기업의 창출

사회적 기업을 만들고 지원하려는 노력이 지속적으로 이어져야 한다. 이러한 사회적 기업이나 프로젝트가 많지 않다면 사회적 거래소 자체의 설립 의미가 없어지기 때문이다. 또한 사회적 기업이 만들어진 후 이것이 장기적으로 유지되는 것이 필요하다. 한국의 경우 2007년 사회적기업 진흥법이 제정된 이후 사회적 기업의 숫자는 늘고 있지만, 정부 지원 외에는 자금조달에 많은 어려움을 겪고 있다. 2009년 '아름다운 재단'의 조사에 따르면 담보 부족과 낮은 영업성과로 창업 초기 자본조달이 가장 큰 애로사항이라는 답변이 37.5%였고, 상품 및 서비스의 판로확보 애로가 20.8%였다. 이러한 어려움을 극복하기 위해서도 사회적 거래소의 설립이 시급하다. 특히 한국의 사회적 기업은 상당수가 영리법인이어서 사업의 지속성을 위한 자본안정성이 요구되는 상황이고, 또한 국가적으로도 일자리 창출 등 사회 문제를 효과적으로 해결하기 위해 사회적 기업 육성정책을 펴고 있기 때문에 그 효과를 배가시키려면 사회적 거래소 도입을 검토할 필요가 있다.

5) 정부의 역할

정부의 정책과 규제는 사회적 공공성을 가진 활동들이 활발해지거나 위축되는 데 있어 대단히 큰 영향력을 발휘한다. 그러므로 정부는 사회적 금융시장을 만드는 기반과 환경을 구축하는 데 도움을 주어야 하며, 정책과 법적 장치들을 잘 조합하여 실질적인 지원체계를 갖추어야 한다. 예를 들어, 상당수 국가에서 아직도 자금운영자fund manager들이 사회적 금융에 투자하는 것을 금지하는 법적 규제가 존재한다. 사회적 금융이나 사회적 거래소를 생각하는 것은 공공부문의 재정자금만으로는 광범위한 사회적 수요를 감당할 수 없기 때문에 민간의 재원과 창의성을 활용하고자 하기 때문이다. 발상의 전환이 필요하며 속히 이런 규제가 사라져야 한다.

또한 정부는 사회적 금융 활동을 위한 제반 여건 및 인프라를 구축하기 위해 들어가는 재원을 단순히 비용이라고 생각하기보다는, 원래 공공부문에서 부담해야 하는 비용을 민간 영역과 함께 부담함으로써 정부의 비용을 좀 더 효과적으로 집행하는 것이라는 관점을 가져야 한다. 다시 말해, 이러한 민간의 활동이 없다면 전부 공공부문이 감당해야 할 비용을 민간과 함께 하면서 민간의 재원 및 창의력을 활용하여 좀 더 효과적으로, 비용 효율적으로 국가의 목표를 달성해 나간다고 생각해야 하는 것이다. 예를 들어, 사회적 기업에 투자하는 투자자들에게 기부금 영수증을 발행하고 세금 등 인센티브를 주는 활동은 정부가 원래 지출해야 하는 비용을 민간이 수행함으로 인해 아껴진 예산으로 이에 대한 지원을 하는 것으로 인식해야 한다. 영국에서는 사회적 영향력 투자 task force에 G8 국가 가운데 7개국이 참여하여 사회적 금융과 관련한 다양한 정책과 규제를 연구하고 해법을 모색하고 있다.

결론적으로, 사회적 금융은 민간 영역에서 창조성, 자본, 기업가정신 등과 관련한 선택에 영향을 끼친다. 또한 새로운 시장과 사업구조, 상품을 개발하여 경제와 사회의 성장을 이끌 수 있다. 사회적 증권거래소는 새로운 사회적 기업의 창출에 기여하고 민간부문 자금운영자fund manager들이 보다 광범위한 투자시장에서 가치를 창출할 수 있도록 해준다. 정부와 민간이 함께 노력하여 사회적 증권거래소를 위한 긍정적 생태계를 창출해야 하며, 이를 통해 장기적으로 전통적 거래소와 사회적 거래소가 공존하면서 사회적 가치와 재정적 수익을 함께 창출하는 모형이 개발되도록 해야 한다.

셀소 그레코(Celso Grecco)

셀소 그레코는 이미 30대에 명성을 떨친 브라질 상파울루_{São Paulo} 마케팅계의 귀재였다. 자동차 타이어 제조업체인 피렐리_{Pirelli}나 브라질의 화장품 목욕용 상품을 생산하는 거대 기업인 Natura와 같은 기업들을 자문하여 브랜드 인지도가 극대화되도록 하였다. 그는 개인적으로 열심히 일해서 부자가 되어 일찍 은퇴하는 목표를 가지고 있었다. 우선 자기 자신의 욕구를 충족시

키고 그 다음에 가치 있는 사회적 사업을 할 수 있을 것이라고 생각하였다. 그레코와 같은 사람들은 목표가 선명하다. 돈이 우선이고 세상을 구하는 것은 그 다음이다.

그런데, 어느 날 갑자기 좀 더 중요한 일이 있다는 것을 깨달았다. 브라질의 엎치락뒤치락 하는 경기 상황으로 인해 수백만 명의 사람들이 고통을 받고 있었고 이로 인해 많은 시민단체가 출현하고 사회적 책임을 내세우는 분위기가 조성되고 있었다. 그레코는 다음과 같이 회상한다. "갑자기 모든 사람들이 기업의 사회적 책임을 이야기하게 되었습니다. 기업들은 이제 성공하기 위해서는 좋은 기업 시민이 되어야 함을 느끼기 시작했습니다."그는 자신의 컨설팅 실력을 발휘하여 그가 말하는 '사회적 마케팅'의 전도사가 되기로 마음먹었다.

그레코가 판단하기에 기부를 하고자 하는 사람들이 가장 어려워하는 부분은 과연 누구의 손을 잡아 주어야 하는 것인가이다. 이를 해결하기 위하여 그레

코는 상파울루 주식거래소São Paulo Stock Exchange인 Bovespa의 소장 Raymundo Magliano Filho에게 사회적 거래소를 제안했다. 자금이 필요한 시민 단체를 잘 선별하여 사회적 투자자와 연결시키는, 좋은 일을 하기 위한 공간을 창조하자는 것이었다.

즉, 기부자들이 자금을 지원하기 위한 정보를 좀 더 쉽게 획득하고 이에 근거하여 근거 있는 투자를 하도록 하자는 것이었다. 이 아이디어는 오래전부터 거래소가 사회를 위해 좋은 사업을 할 수 있지 않을까 하고 아이디어를 찾고 있던 Filho에게 어필했다. 그의 지원을 받아 2003년 세계 최초의 사회적 주식거래소 social stock exchange인 BVS&ABolsa de Valores Sociais e Ambientais가 문을 열게 되었다.

BVS&A는 기업의 기부문화를 바꾸었다. 과거와 같이 바보 같은 이데올로기에 메이지 않고 실질적인 곳에 도움을 주는 방향으로 선회했고, 기업적인 해결책이 가난을 극복하는 지속 가능하고 거의 유일하면서도 믿을 만한 길임을 깨닫게 되었다.

그레코가 처음 이 아이디어를 냈을 때 사람들의 반응은 그리 긍정적이지 않았다. 몇몇은 좋은 아이디어라고 추켜세웠지만 그러나 주주들과 같이 갈 수는 없을 것이라고 단정지었다. 어떤 사람들은 사회 정책은 정부가 하게 하자고 그레코를 설득하려 했다.

국민들이 세금을 내는데 그런 일은 그 재원으로 정부가 해야 한다는 것이다. 모두 일리가 있는 얘기였다. 그러나 그럼에도 불구하고 지적인 투자자들이 가장 원하는 것들이 있었다. 바로 질서와 투명성이다. 특히 사회적 사업과 같이 객관적인 기준이 없고 편향적인 열정과 맹목적 신념이 지배하는 분야에서는 이것이 더욱 절실했다. 이를 위해 그레코와 평가단은 사업이 BVS&A에 상장되기 전에 엄격한 심사를 진행했다.

광범위하고 심층적인 인터뷰를 했고 현장을 방문하였으며, 모든 장부를 점검하였다. 그 결과 선정 비율은 10개 중 1개 정도로 매우 엄정했다. 이제 사회적 투자자들이 사회적 사업에 투자하는 것은 어둠 속에 돈을 던지는 것이 아니다.

BVS&A에 상장이 된 사업들은 사업의 질에 대한 일종의 공인을 얻은 것들이기 때문이다.

BVS&A는 물리적인 시장이 있는 것이 아니고 온라인으로 기부자들과 사업들을 연결하였는데 이미 수백만 달러의 기부가 이루어지고 있어 브라질 사람들의 물질적 삶뿐 아니라 정신적 삶을 바꾸고 있다. 가장 초창기에 상장된 사업 중의 하나가 balcão de direitos인데, Rio 시의 달동네 사람들의 고충을 해결해 주고자 법학 전공 학생들과 사회복지사들이 찾아가는 법률 서비스를 제공하였다.

일종의 소액 청구 심판원인데 가난한 이들이 법률 서비스에 대한 접근이 거의 불가능한 현실에서 이들을 도와주고자 하는 것이었다. 그 예로 한 번은 조정관이 지역의 마약 사범 두목으로 하여금 그가 낳은 혼외 아기의 양육비를 대도록 설득한 바 있다. 이 사업은 Viva Rio에 의해 진행되었는데 지금은 14개의 브라질 주에서 이를 벤치마킹하여 유사한 공공정책을 수행하고 있다.

또 다른 사업으로 지역 새우잡이 어민에게 태양열 램프를 제공하는 사업이 있다. 당시 밤에 새우를 그물로 유인하기 위해서는 부탄 랜턴을 사용하였는데 그 비용이 만만치 않았고 더구나 일 년에 15,000톤의 이산화탄소를 배출하였다. 이 사업으로 어부들은 에너지 비용을 낮추고, 사회적으로는 이산화탄소 배출을 낮추는 일석이조의 효과를 보게 되었다.

이외에도 섬사람들을 돕는 사업, 기후변화의 타격에 대해 준비하는 사업, 빈민가 아동들을 마약 조직으로부터 구하는 사업 등 작지만 의미 있는 영향을 끼치는 사업들이 진행되고 있다. 더구나 브라질 모델이 다른 나라의 사회적 거래소 설립에 근거가 되어 전 세계적으로 중요한 영향력을 미치고 있으며, 사회적 문제 해결의 새로운 비전을 제시하고 있다.

Newsweek, Brazil: A Stock Exchange for Do-Gooders, 2008. 5. 31.

사람을
위한 금융

제**11**장

채권발행 지원

제11장

채권발행 지원

주택조합housing association, 요양기관care homes, 대학, 자선기관 등 비영리단체들이 목적한 바 사업을 수행하기 위해서는 자금이 필요한데 비영리단체이기 때문에 은행과 같은 금융기관에서 자금을 차입하기가 수월하지 않다. 다른 방법으로는 자본시장에서 다수의 투자자들을 대상으로 채권을 발행할 수 있을 것인데, 이 또한 사회적 기업이나 프로젝트의 경우 소매 규모 정도의 자금조달이 일반적이기 때문에 거래비용 등 조달비용이 상대적으로 비싸다. 이 경우 비영리단체의 채권발행을 도와주기 위하여 특수목적회사를 설립하여 운영할 수 있다.

1. 구조

구체적으로 보면, 〈그림 11-1〉에서 보는 바와 같이 예를 들어 Allia Impact Finance라는 기관이 비영리단체들의 채권발행을 도와주고자 한다 Allia

₂₀₁₈. 이를 위하여 채권발행만을 전담하는 특수목적회사를 설립하고 이 특수목적회사의 명의로 채권을 발행하여 자금을 조달한다. 조달된 자금은 비영리단체에 대출의 형태로 비용을 제외한 전액이 이전되는데 이 경우 해당 비영리단체는 대출된 금액에 대한 이자를 일정 기간마다 갚아야 하고, 만기에는 원금을 상환하여야 한다. 이 이자와 원금 상환액은 다시 원래의 채권에 대한 이자와 원금을 갚는 데 사용된다. 비영리단체는 채권상환에 필요한 자금을 자신들이 운영하는 사업에서 창출하는데, 일반적으로 이러한 방식으로 자금을 조달하는 비영리단체는 사업을 개발하고, 수익을 창출하며, 사회적 영향력을 발휘하고 있는 잘 알려진 단체인 경우가 많다. 잘 알려져 있지 않은 단체는 애초부터 채권을 발행하여 자금을 조달하는 것이 용이하지 않기 때문이다.

📄 그림 11-1 채권발행 지원

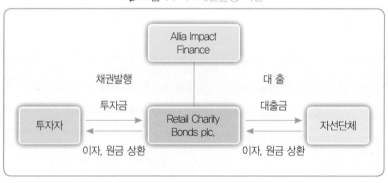

〈그림 11-1〉의 예에서는 자선기관을 대신해 채권을 발행할 목적으로 설립된 특수목적회사가 Retail Charity Bonds plc.이다. 이 회사는 각 자선기관이 채권을 발행하는 것이 적합한지를 판단하는 독립된 이사회를 가지고 있는데, 이사들은 금융과 자선 분야의 전문가들이며 무급으로 봉사하고 있다. 독자적으로 일하는 종업원이 없으며 Allia

Impact Finance가 운영을 맡는다. 발행되는 채권은 일반적으로 1,000만 파운드 이상의 규모로 발행되며, 무보증 사채unsecured loan이다. 채권이 발행된 이후에는 권한이 부여된 딜러들에 의해 동 채권들이 판매되며, 런던 증권거래소London Stock Exchange의 Order Book for Retail BondsORB에서 거래될 수 있어서 사회적 투자자들이 용이하게 사고 팔 수 있다.

2. 현황

이러한 제도는 2014년에 Golden Lane Housing의 채권을 발행하면서 시작되었는데 동 채권발행은 당초 목표한 액수인 1,100만 달러를 상회하는 신청이 이루어져서 조기마감을 하면서 성공적으로 자금을 조달하였다. 해당 자금은 30개의 부동산을 구매하고, 개보수하는 데 사용되었는데, 이로 인해 학습장애가 있는 100명 이상의 사람들에게 적절한 집을 제공할 수 있게 되었다. 또 다른 예로, Hightown Housing Association이 2,700만 파운드, Charities Aid Foundation이 2,000만 파운드의 자금 조달에 성공하였다. 〈표 11-1〉은 현재까지 자금 조달에 성공한 사례를 보이고 있다.

표 11-1 채권발행 현황

구분	이자율(%)	만기일	규모(£)	목적
Golden Lane Housing 2017	3.9	2027		학습장애인을 수용하기 위한 시설 마련
Hightown Housing Association 2017	4	2027	2,700만	집 없는 사람과 저소득층을 위한 주거지 제공
The Dolphin Square Charitable Foundation	4.25	2026		Westminster 시 또는 그 주변에 살거나 일을 하는 저소득층을 위한 저렴한 주거지 공급
Greensleeves Homes Trust	4.25	2026		1997년에 시작된 가정, 요양원, 치매기관의 노인을 지원하는 기관
Charities Aid Foundation	5	2026	2,000만	유럽의 가장 큰 자선재단으로 세계적으로 자선기관에 자금 제공
Hightown Praetorian & Churches Housing Association Limited	4.4	2025		집 없는 사람들을 위한 임시 거처 및 음식 제공
Golden Lane Housing	4.375	2021	1,100만	100명 이상의 학습장애인을 수용하기 위한 시설 마련

자료: Retail Charity Bonds, http://www.retailcharitybonds.co.uk/.

세븐스 제너레이션 (Seventh Generation)

28 years creating powerful plant-based solutions for your home & family.

Seventh Generation은 미국 버몬트Vermont 주의 벌링톤Burlington에 제프리 홀렌더Jeffrey Hollender가 1988년 설립한 친환경 제품 회사이다. 홀렌더는 알란 뉴만Alan Newman과 함께 '재생 미국Renew America'이라는 에너지 절약형 상품들을 소개하는 카탈로그를 우편배달하는 조그만 업체를 인수하였는데, 이것이 Seventh Generation의 모체이다.

홀렌더는 2010년 회사를 떠날 때까지 20여 년간 CEO로 회사를 경영한 기업가이기도 하지만, 세계 경제포럼, 하버드 환경포럼, 그린 페스티벌, 세계자원연구소, 유엔지속가능성장 정상회담 등과 직간접적으로 관련을 맺고 지속적으로 환경과 사회책임 등 다양한 분야에서 활동하며 스스로 환경경영의 전도사를 자칭하는 저술가이자 강연가이기도 하다. How to Make the World a Better Place 1985, Naturally Clean 2006, The Responsibility Revolution: How the Next Generation of Businesses Will Win 2010 등 6권의 책을 저술하였다.

Seventh Generation은 미국에서는 친환경 가정용품을 생산하고 판매하는 대표적인 브랜드이자 체인 판매점이며, 종업원, 지역사회, 환경에 대한 기여를 인정받은 B 기업이다.

집 안에서는 공기, 표면surfaces, 옷감, 동물, 사람에게 좋은 나무에 근거한 친환경 청소용품, 종이 제품, 개인용품 등을 생산 판매하고, 집 밖에서는 지역사회와 지구 환경에 기여하는 제품을 생산하여 자연 친화 식품 매장, 슈퍼마켓, 온라인 채널 등을 통해 판매한다. 이 회사는 마케팅과 생산에 있어 지속가능성sustainability과 자연자원의 보존을 항상 고려한다.

예를 들어, 포장재를 재활용품과 소비자가 소비한 이후 버려지는 재료를 사용하고, 자연부패biodegradable되는 재료를 사용하며, 나무에 근거하고 인산염phosphate과 염소chlorine가 없는 제품을 생산한다.

Seventh Generation이라는 회사명은 '이뤄쿼이Iroquois' 인디언의 위대한 규칙Great Law을 따라 지은 것이다. 이뤄쿼이 인디언은 부족의 중요한 일을 결정할 때 앞으로 7세대에 거쳐 어떤 영향이 있을까를 심사숙고한 후 의사결정을 내린다는 것인데, 이를 지속가능성의 표현으로 사용한 것이다.

Seventh Generation은 사회에 미친 긍정적인 영향력을 인정받아 많은 상을 받았다. 대표적으로 2004년 미국 상공회의소가 수여하는 소기업 대상 기업시민상Corporate Stewardship Award for Small Business을 수상하였고, 2008년 Microsoft로부터 우수환경지속가능상Microsoft Excellence in Environmental Sustainability Award을 수상하였으며, 2009년 이 회사의 IT 부문이 ComputerWorld로부터 '최고 환경 친화적 IT 조직Top Green-IT Organizations'으로 선정되었다.

Seventh Generation, https://www.seventhgeneration.com/, 2018.

사람을
위한 금융

제12장

B Lab

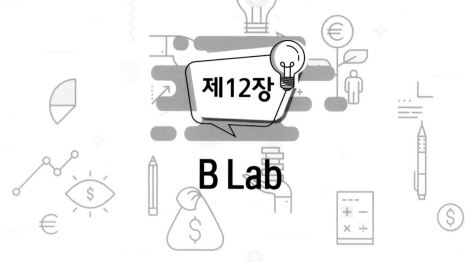

제12장

B Lab

대부분의 기업에 대한 자료는 기업의 규모나 수익성과 관련된 정량적 자료이다. 기업의 장기적 지속가능성을 담보하는 사회적, 환경적 성과에 대해서는 이를 측정할 필요성은 인정하지만 그 정의도 명확하지 않고 측정방법도 매우 주관적이다. 이러한 상황에서는 기업들의 사회적 영향력을 평가하기 어렵고 우량한 기업들에 대한 투자를 하려고 하여도 기업에 대한 정보가 부족하여 투자 및 금융 활동이 심하게 위축된다.

투명한 정보의 흐름은 사회의 어느 분야에서나 매우 중요하지만, 측정할 속성이 매우 정성적이고 때로는 주관성이 강하게 작용하는 사회적 경제 분야에서는 특히 중요하다. 이러한 문제의식에서 출발한 것이 'B 기업B Corporation' 운동이다. 이 운동은 사회적 기업의 사회적, 환경적 영향력을 평가할 수 있는 기준 및 체계를 마련하고, 이에 근거한 평가 시스템을 개발하며, 장기적으로 자료를 구축하여 기업들 사이의 객관적 비교가 가능하도록 하자는 취지를 가지고 있다.

사람을 위한 금융

1. 발생과정

B 기업 운동은 B 랩에 의해 주도되었는데, B 랩은 2006년 미국 펜실베이니아에서 B 기업 운동의 확산을 위해 세 사람이 의기투합하여 설립한 비영리기관이다. 이들은 'AND 1'이라는 농구화 전문 브랜드를 창립한 Jay Coen Gilbert, 'AND 1'의 전 회장 Bart Houlahan, 사모펀드 MSD 캐피탈의 Andrew Kassoy 세 사람이다. B는 '유익한beneficial' 이라는 뜻의 영문 머리글자를 딴 것인데, B 기업 운동은 기업이 영리profit와 유익benefit을 동시에 추구하도록 하자는 운동이다.

일반적으로 기업들은 자신들의 제품이나 서비스의 생산 및 판매에 드는 직접적인 비용만 부담한다. 그러나 기업 활동은 환경이나 사회에 지대한 영향을 미칠 수 있는데, 이러한 외부효과externality는 기업의 책임에서 벗어나 있었다. B 영향평가 시스템은 이러한 외부효과를 내부화하는 과정이라고 볼 수 있는데, 기업이 제품과 서비스의 생산과 판매 과정에서 발생시키는 사회적·환경적 영향을 평가하여 인증을 함으로써 장기적으로 지속가능성이 있는 기업과 그렇지 않은 기업을 구분하고 이를 투자에 활용하고자 하는 것이다. 특히 B 기업들의 확장을 통하여 사회적 경제의 생태계를 조성하는 것이 주요 목적 중의 하나이다.

2. 평가절차

첫번째, B 기업 인증을 받기 위한 첫 번째 단계는 B 영향평가B Impact Assessment를 받는 것이다. 이를 위해 평가대상 기업은 해당 산업과 기업의 규모에 따라 60~180개의 광범위한 질문에 답해야 한다. 이러한 질문들은 크게 기업지배구조, 임직원, 소비자, 지역사회, 환경 등 5개

부문에 걸쳐 기업이 이해관계자들에게 끼치는 영향을 측정하는 것이다. B 영향평가는 200점 만점인데 신청 기업이 80점 이상을 맞으면 일단 B 기업 인증을 받기 위한 1차 자격을 획득하게 된다.

두 번째 단계는 평가 검토 단계인데 B 랩의 직원과 직접 인터뷰를 하면서 질문의 의도를 명확히 이해한 후 정확한 답변을 하는 것이다. 사회적, 환경적 영향 등에 대한 평가는 개념이 모호한 것들이 많을 수 있기 때문에 해당 기업의 오해로 인한 평가 오류가 있을 수 있는데 이를 줄이기 위함이다.

세번째 단계는 위의 두 가지 과정이 마무리 되면 평가의 진실성을 확보하기 위하여 몇몇 분야에서는 답변의 내용을 증명할 수 있는 증빙서류를 요청하기도 한다.

네번째 단계는 평가 과정이 성공적으로 끝나면 해당 기업이 모든 이해관계자에 대한 사회적, 환경적 영향을 지속적으로 배려하도록 기업의 정관을 변경하는 법무 프로세스를 거친다.

다섯번째 단계는 법무 프로세스까지 완료되면 해당 기업 순수익의 0.1%를 B 랩에 납부하고 인증을 받게 된다.

위와 같은 과정을 거쳐 B 기업 인증을 받은 기업이 지속적으로 자격을 유지하기 위해서는 매년 해당 기업의 순매출이 속하는 구간에 해당하는 회비를 납부하여야 한다.

한편, B 랩은 인증의 신뢰도를 높이기 위해 B 기업 인증을 받은 기업들 중에서 매년 10%를 무작위로 추출하여 현장검증을 실시한다. 그 결과가 만일 80점보다 낮으면 90일의 보완기간을 주어 합당한 개선을 유도한다. 그러나 평가 과정에서 고의적으로 속인 경우에는 공개적으로 B 기업 인증을 철회한다.

3. 현황

2017년 11월 현재 전 세계 50개 이상 국가의 130여 개의 산업에 걸쳐 2,337개의 B 기업이 인증되었다B Lab 2017. 한국 기업으로는 2012년 10월 보청기 등을 만드는 사회적 기업인 딜라이트가 동아시아 최초로 B 기업 인증을 받았다.

B 랩은 B 기업에게 법적 지위를 부여하기 위한 로비도 활발하게 벌이고 있다. 법적 지위를 획득한 B 기업은 세제상 혜택을 누릴 수 있고, 해당 기업이 정부의 우선구매 대상자가 되기 때문에 영업상 상당한 이점을 누릴 수 있다. 한편, 주 정부에서 법적 지위를 부여받은 기업은 B 기업과는 달리 유익기업Benefit Corporation이라고 불리는데, 유익기업이 되기 위해 B 기업 인증을 받을 필요는 없다. 유익기업의 법적 지위를 유지하기 위해서는 매년 유익보고서Benefit Report를 정부 당국에 보고하여야 한다. 2017년 현재 유익기업 법적 지위를 인정하기 위한 법이 통과된 주는 33개이고, 9개 주에서는 법안이 아직 결정되지 않아 계류 중이다Social Enterprise Law Tracker 2017.

4. Global Impact Investment Rating System (GIIRS)

B 랩은 임팩트 성과 측정에 있어 가장 전문성이 높은 조직으로 평가받고 있으며 이러한 지명도와 경험을 바탕으로 전 세계적인 기준도 제시하고 있다. 이른바 세계영향력투자평가체계Global Impact Investment Rating System; GIIRS인데 B 랩이 B 영향평가 시스템을 바탕으로 개발한 영향력 투자의 국제적 표준이다. 이는 1~5점까지 별점을 매기는 방식으

로 기업의 사회적·환경적 영향에 대한 독립적 평가를 제공한다. 임팩트 모델, 실행 사례, 정책 및 성과와 관련된 넓은 영역의 질문들을 제시함으로써 다양한 영역의 산업과 비즈니스 모델에 융통성 있는 적용이 가능하도록 설계되어 있다. GIIRS의 또 다른 특징은 사회책임투자Socially Responsible Investment; SRI의 부정 선별negative screening과 같이 소극적인 평가 방식에서 더 나아가 기업이 사회적·경제적으로 바람직한 활동을 하는 점을 부각시키는 긍정 선별positive screening을 통하여 적극적 평가를 한다는 점이다. 이러한 평가 기준의 확립은 자칫 애매하거나 빈 구석이 많을 수 있는 사회적 및 환경적 영향력 평가에 있어 기업이 성과를 왜곡시킬 수 있는 여지를 줄이고, 해당 기업이 사회에 끼치는 영향력이 체계적으로 보고와 평가에 반영되도록 한다. 더 나아가 주류 투자자들도 이러한 자료를 활용하여 임팩트 투자에 나서게 함으로써 지속가능성 생태계를 형성하고 확장시키는 밑거름이 된다.

New Belgium Brewing Co.

2016년 전 세계 B 기업 인증 회사 중 모든 사회적 영향력 분야에서의 점수를 종합한 결과 가장 훌륭한 회사B Magazine's Best for the World companies in 2016로 선정된 기업이 있다.

콜로라도의 포트 콜린스Fort Collins에 본부를 둔 New Belgium Brewing Co.라는 맥주회사인데 주류회사이면서도 사회에 유익한 기업으로 선정된 것이 이채롭다. 이 회사는 낭비를 줄이는 환경 친화적 운영을 하고 지역사회의 각종 활동에서 지속가능성을 주창하는 리더이다. 이 회사의 웹사이트에는 "우리 회사의 성공은 회사가 지향하는 사회적이고 환경적인 노력 때문이 아니라 직원들 때문이다."라고 강조되어 있는데 종업원들이 자발적으로 최선의 세상을 만들도록 격려하는 기업이다.

이 회사의 이야기는 1991년으로 거슬러 올라간다. 당시 신혼이었던 회사의 창업자들은 집에서 만든 맥주를 들고 자신들이 어떤 기업을 만들기를 원하는지 알

사람을 위한 금융

아내기 위해 록키산맥 국립공원을 등산했다. 아내인 Kim Jordan은 자유스러운 집안분위기에서 자란 사회복지사였고, 남편인 Jeff Lebesch는 전기공학을 전공했는데 벨기에로 자전거 여행을 갔다가 맥주 양조업자가 되기로 결심했다. 이들은 4개의 주요 가치를 생각하게 되었다. 세계적인 맥주를 만드는 것, 맥주의 문화를 촉진하는 것, 환경에 대한 책임을 지는 것, 재미가 있을 것. 25년 이상이 지난 지금도 회사는 많이 변했지만 이 기본 가치는 변하지 않았다.

이 회사가 강조점을 두고 있는 활동 분야는 크게 네 가지로 나타낼 수 있는데 소비자, 지역사회, 환경, 종업원이 그것이다. 소비자와 관련해서 New Belgium Brewing은 세계적인 맥주를 생산하고자 노력함은 물론 추가적으로 맥주 문화를 확산시키려고 노력하고 있다.

기업의 운영과 마케팅, 그리고 소비자와 관련하여 재미라는 관점을 부각시켜 이 회사 맥주 애호가의 충성도를 이끌어낸다. 지역사회와 관련하여서는 1995년부터 생산된 맥주 1배럴마다 비영리단체에 \$1를 기부하고 있고 수익의 최소 5%는 자선기관에 기부하고 있다. 해마다 800만 달러 이상이 환경, 교육, 지속가능농업, 스마트 성장, 자전거 타기, 수자원 보존 등을 위해 기부되고 있다.

환경과 관련해서는 생산 과정에서 만들어지는 99%의 고형물들을 재활용, 재사용, 또는 비료의 원료로 사용하고 있고, 다수의 환경 운동 연합의 리더이거나 옹호자이다. 이 회사는 단기 수익을 희생해서라도 기꺼이 장기적인 수익을 창출하려고 노력한다. 일례로 1998년 포트 콜린스 시가 이 회사에게 환경보호를 위하여 풍력발전에 투자하기를 권유한 건을 들 수 있다. 단기 수익이 하락하므로 직원들에게 의견을 물어 보았는데, 직원들이 만장일치로 풍력발전에 동의하였다.

종업원과 관련해서 대부분의 회사에서는 입사한지 1주년이 되는 기념일에 인사부서로부터 축하 메시지나 컵케익 정도를 받지만, 이 회사는 Fat Tire 자전거를 받는다. Fat Tire는 이 회사에서 가장 잘 나가는 지속가능성 맥주의 이름인데 다른 곳에서는 구할 수 없는 자전거이다. 5년 근속의 경우에는 회사가 비용을 모두 지불하여 벨기에 여행을 시켜 준다.

회사 창립의 한 가지 모티브였던 벨기에의 맥주 문화를 맘껏 체험하고 오라는 의미이다. 10년 근속의 경우에는 역시 회사가 모든 비용을 지불하여 4주짜리 휴가를 보내준다. 사무실에 탁구와 푸스볼foosball 게임 시설이 되어 있고, 요가실, 배구코트, 암벽 등반 코스가 완비되어 있으며, 매주 12팩 맥주를 집에 가져갈 수 있다. 무엇보다 직장에서의 일을 즐겁게 만들고, 모든 직원들이 함께 노력하여 이룬 성공을 축하할 수 있는 문화를 만들기 위해 재미 관리자director of fun라는 재미있는 직책을 두고 있다.

이 회사의 정규직원의 경우 보험료의 80%를 회사가 지급해주고, 유급 출산 휴가는 당연하며, 입양과 관련된 지원까지 해 준다. 2015년에는 회사 보건소를 개설하여 의사가 상주하면서 직원들의 건강을 체크하고 있다.

New Belgium Brewing은 종업원들의 자발성이 매우 높은 것이 특징인데 그 이유는 종업원 지주제Employee Stock Ownership Plan: ESOP로 인해 회사의 지분이 100% 종업원 소유로 되어 있기 때문이다.

직원들이 명실상부한 주인임을 인식시키기 위하여 1996년부터 모든 직원들에게 회사의 장부를 개방하고, 종업원들에게 항상 회사와 관련된 중요 정보를 알릴 뿐 아니라, 재무제표에 대한 교육도 실시한다. 이러한 제도들은 물론 일이 많고, 비용과 시간이 많이 든다. 그러나 회사의 경영진은 투명한 작업장이 신나는 일터를 만들고 직원들의 자발성을 끌어내기 때문에 이러한 비용은 곧 투자라는 생각을 가지고 있다.

예를 들어, 2009년 두 종업원이 12팩 상자의 크기를 조금 줄임으로써 병 사이의 칸막이를 할 필요가 없게 만들어 쓰레기와 낭비를 줄였는데 이로 인해 연 $850,000가 절약되었다.

New Belgium Brewing은 2008년 'Outside' 잡지가 창간된 이후 이 잡지에서 선정하는 최고의 직장 순위에 매년 등재되고 있다. 2014년 기준 196억 달러 규모의 맥주 제조 산업에서 4위에 올라 있으며, 2015년에는 약 2억 2,500만 달러의 매출을 달성하였다. 종업원은 780명이며, 45개 주에서 이 회사의 맥주가 판매되고 있다.

2016년 5월에는 노스캐롤라이나 주의 애쉬빌Asheville에 제2공장을 완공하였다. 2012년 18에이커를 매입 후 그 자리에 이미 있던 빌딩을 부수기 전에 잔존물 회사salvage firm를 고용하여 잔존물들을 문서화하고, 분류하고, 가치를 따져서 가능한 한 많은 폐자재를 제2공장을 짓는데 사용하도록 하였다. 물론 이 과정은 비용이 많이 들었지만 지속가능성을 확보하려는 회사의 가치를 견지하기 위해 실행되었다. 더불어 제2공장의 건설로 운송비를 낮출 수 있게 되어 탄소 배출량 carbon footprint을 대폭 삭감할 수 있게 되었다.

Gunther, Marc, Brewing Success (The Fun Way), B the Change, Oct. 31, 2016.

Epilogue

UN은 2015년 9월 향후 15년간의 인류가 나아갈 이정표로 'No One Left Behind'라는 모토 아래 17개 분야의 지속가능개발목표Sustainable Development Goals; SDGs를 제시하였다. 이는 선진국 후진국 할 것 없이 전 세계의 인류가 함께 공존공영하는 세상을 만들기 위한 것으로, 이의 달성을 위해 사회적 금융의 역할은 매우 중요한 의미를 가진다. SDGs를 달성하기 위해서는 사회의 다양한 문제점들을 해결해야 하는데, 이를 위해서는 재원의 확보가 필수적이다. 그러나 공공부문으로부터의 재정 투입 방식은 각국의 경제 상황과 맞물려 한계가 있기 때문에 민간의 자금과 창의력을 활용하는 것이 매우 중요하다. 바로 사회적 금융이 그 존재 의미를 자리매김하는 부분인데 사회적 금융이 이러한 중요한 역할을 수행하기 위해서는 스스로의 지속가능성을 확보해야 한다.

현재까지 영국은 매우 모범적으로 사회적 금융을 발전시키고 있는데, 지속가능성 확보를 위한 중요한 시사점들을 던져주고 있다김갑래 2013. 우선 영국의 사회적 금융시장 육성정책의 가장 큰 특징은 자본시장 중심적market-based이라는 것이다. 즉, 사회적 금융 육성 기본정책을 수립하고 집행함에 있어 정부는 사회적 금융을 위한 시장관리자market steward로서의 역할에 초점을 맞추고 정부의 시장 개입을 최소화하고 있다. 정부가 주도하는 모형이 되면 정책 집행의 적기를 놓칠 수도 있고 집행의 비효율로 인해 상당한 사회적 비용을 발생시킬 수도 있다. 또한 민간의 자생적인 발전을 가로막는 구축효과crowding out effect가 발생하여 장기적으로 효과적인 사회적 금융시장이 발전하는 것을 저해할 수 있다. 반면 정부가 시장관리자로서 사회적 금융을 위한 시장과 환경을 잘 조성하면, 창의력과 전문성을 가진 시장참가자들이 정부와 함께 복지서비스 제공자로서의 역할을 충실히 분담할 수 있다. 이러한 자본시장 중심적 육성정책은 사회적 금융활동을 촉진하고, 우수한 사회적 기업이 많이 배출되는 환경을 조성한다. 또한, 사회적 투자자금의 선순환이 이루어지고 이러한 선순환 속에서 복지서비스 확대와 사회혁신이 이루어질 수 있다.

둘째, 영국정부의 사회적 금융시장 육성정책은 생태계 중심적 ecosystem-based이다. 즉, 사회적 금융시장의 핵심 구성요소인 자금 수요자와 공급자의 기능을 활성화시키고 생태계 내의 각 구성요소가 독자적으로 생존하고 발전할 수 있는 금융 환경을 구축하고자 노력한다. 구체적으로 사회적 금융시장의 자금공급 확대를 위해 사회적 투자은행인 'Big Society CapitalBSC'을 설립하고 사회적 투자자 기반 확대를 위한 각종 지원책을 모색하며, 이것이 사회적 투자의 글로벌 허브 기능을 담당할 수 있도록 배려하고 있다. 사회적 금융시장의 자금 수요 증대를 위해서는 사회적 기업의 인큐베이팅 및 투자 준비를 위한 펀드를 지원하고, 사회적 투자 환경을 개선하기 위해 SIB와 같은 사회적 금융상품의 발행을 활성화하는 등의 노력을 경주하고 있다.

한국에서도 사회적 금융시장의 생태계를 구축하기 위해서는 영국의 BSC와 같은 사회적 투자은행을 설립하고, 사회성과펀드나 이노베이션 펀드와 같은 모태펀드 조성을 고려할 수 있다. 사회적 투자 활성화를 위한 법적 환경도 개선되어야 하는데, 예를 들면 효율성과 경쟁력을 높이기 위하여 사회적 기업의 법적 형태를 다양화하는 것, 세제지원이나 사회적 가치 지향 조달정책 등을 위해 법과 제도를 개선하는 것 등을 고려할 수 있다.

　한편 사회적 금융 생태계 조성을 체계적으로 집행하기 위해 영국 내 각부가 컨트롤 타워control tower 역할을 수행하고 있다. 특히 사회적 금융 및 투자 정책은 그 특성상 부처 간의 관할권 충돌이 심하기 때문에 사회적 금융 육성 기본계획을 체계적으로 수립하고 운영해야 하는데, 이 과정에서 정부 부처 간의 이해관계를 효과적으로 조율하기 위한 컨트롤 타워의 역할이 매우 중요하다. 한국의 현실을 고려할 때 청와대 또는 총리실 산하에 독립위원회를 두어 컨트롤 타워 기능을 하도록 하고 기본정책을 집행하는 방안을 고려해 볼 수 있다. 컨트롤 타워가 효과적으로 작동하여 사회적 금융의 생태계가 잘 구축되면 각 구성요소의 기능이 활성화되어 복지서비스가 확대되고 동시에 경제 성장도 달성하는 일석이조의 효과를 거둘 수 있다.

　영국의 사회적 금융 육성 정책의 세 번째 특징은 성과 중심적outcome-based이라는 것이다. 공공부문의 비효율을 초래하는 가장 큰 원인 중의 하나가 성과 측정에 소홀하다는 점이다. 성과 측정이 제대로 되지 않기 때문에 시행한 정책의 효과를 판단하기도 어렵고 정책이 잘못되었을 경우 이에 대한 책임을 지우기도 어렵다. 영국의 성과 중심 정책은 사회적 금융을 통한 복지서비스에 평가를 의무화하고 있기 때문에 사회복지의 효율성 및 책임성을 높인다. 국내에서도 사회적 투자에 대한 예산지출에 있어 철저한 성과 중심적 집행을 하여야 한다. 또한 실패한 복지 프로그램을 과감히 폐기하고 성공한 복지 프로그램을 확대 실시하는 증거 중심적evidence-based 복지서비스 정책을 시행하여야 한다. 이는 납세자가 실패한 정책에 대한 비용을 부담하지 않는다는 점에서 증세 없는 복지 확대의 취지에도 부합한다.

현재 한국은 복지에 대한 국민적 요구가 계속 높아지고 있다. 이러한 상황에서 공공적 목적을 달성하기 위한 사회적 금융은 재정에 대한 부담을 줄이면서 사회적 문제를 해결할 수 있는 매우 좋은 대안이다. 유의할 점은 정부가 나서서 조급히 성과를 보고자 하면 자칫 장기적인 사회적 금융 생태계 조성을 방해할 수 있다는 것이다. 정부는 이제 시작하는 민간의 바람직한 움직임을 효과적으로 지원하고 전체적으로 바람직한 방향으로 나아갈 수 있도록 충실한 조력자의 역할을 수행하여야 한다. 사회적 금융 환경 개선을 위해 사회적 금융 및 투자 활성화를 저해하는 법과 규제를 완화하고 정부부문과 민간부문 간의 협력 체제를 강화하는 정책을 수립하고 집행하여야 한다. 또한 정부의 활동과 관련된 모든 분야에서 성과 중심적이며 증거 중심적인 체계를 구축하여 정책 효과에 대한 투명성을 높이고 공과 과를 명확히 가릴 수 있는 시스템을 마련하여야 한다. 이렇게 되면 비록 시간이 좀 더 걸릴 수는 있으나 민간의 자발성과 창의력이 발휘되어 사회적 문제를 완화하는 동시에 공공부문의 예산을 절약하는 효과를 동시에 얻을 수 있을 것이다. 또한 임계점을 넘은 이후에는 사회적 금융 생태계가 규모와 효과 측면에서 건실하게 구축되어 스스로 발전해 나가는 이상적 환경을 맞을 수 있을 것이다.

참고문헌

강준영, 주요국의 사회적 거래소 현황과 시사점, Weekly KDB Report, 2017. 11. 20.

금융위원회, 2017 상반기 기준 크라우드펀딩 주요 실적, 보도자료, 2017. 7. 7.

금융위원회, 사회적금융 활성화 추진방향, 2017. 11. 13.

김갑래, 박수연, 영국의 사회적 투자시장 육성정책의 시사점: 자본시장을 통한 복지서비스 확대를 중심으로, 2013. 12,

김선민, 해외 사회책임투자(SRI) 현황과 시사점, 한국기업지배구조원.

다솜이재단, http://www.dasomi.org/nr/?c=1/8, 2018-03-18 접속.

서울특별시, '선민간투자 후공공성과보상' 복지사업모델, 사회성과연계채권(SIB)의 현황과 발전과제 국제세미나, 서울 롯데호텔, 2015. 11. 5.

서울특별시 사회적 경제지원센터, 서울시 사회적 경제조직 자금수요조사 및 정책자금 평가연구, 2016.

용환진, 인천상륙작전 흥행에 크라우드펀딩 대박, 매일경제, 2016. 8. 3.

위키백과, 탐스슈즈, https://ko.wikipedia.org/wiki/%ED%83%90%EC%8A%A4%EC%8A%88%EC%A6%88, 2018-03-13 접속.

이경원, 2016, [역사 속으로 #1] 모차르트의 크라우드펀딩, Wadiz:Cast → 투자칼럼 → 투자노하우, https://www.wadiz.kr/web/wcast/detail/940.

일자리위원회, 사회적 경제 활성화 방안, 2017. 10.

한국기업지배구조원, CGS Report, 2015년 5권 1호.

한국문화예술위원회 문화나눔포털, http://www.arko.or.kr/webzine_new/sub2/content_3805.jsp, 2018-03-04 접속.

해피빈, https://happybean.naver.com/, 2018-03-25 접속.

Allia, Impact Finance, https://allia.org.uk/social-finance/retail-charity-bonds/, 2018-03-11 접속.

Amy Domini, Wikipedia, https://en.wikipedia.org/wiki/Amy_Domi

Anielski, Mark, The JAK Members Bank, Sweden: An Assessment of Sweden's No-Interest Bank, 2004, Canada, Anielski Management Inc.

B Lab, B Corporation: Welcome, http://www.bcorporation.net/, 2017-11-24 접속.

BNP Paribas, Is Microfinance Still Working?, Microfinance Barometer 2017, 8th ed., https://group.bnpparibas/en/news/microfinance-barometer-2017-global-trends-sector, 2017-12-3 접속

Boutin-Dufresne, F. and Savaria, P. 2004. 'Corporate social responsibility and financial risk'. Journal of Investing, 13, 57-66.

BVSA, Bolsa de Valores Socioambientais, https://www.bvsa.org.br/portfolio-de-projetos-concluidos, 2017-11-25 접속.

Charity:Water, https://www.charitywater.org/projects#, 2018-03-04 접속.

Clarkson, Natalie, A brief history of crowdfunding, Virgin, 2015. 6. 5. https://www.virgin.com/entrepreneur/a-brief-history-of-crowdfunding.

Convergences, Microfinance Barometer 2017, Is Microfinance Still Working?, 2017.

Disley, E., Rubin, J., Scraggs, E., Burrowes, N., Culley, D. M., Lessons learned from the planning and early implementation of the social impact bond at HMP Peterborough, Rand Europe Technical Report, 2011.

Emerson, J. and Wachowicz, J., Riding the Bleeding Edge: A Framework for Tracking Equity in the Social Sector and the Creation of a Nonprofit Stock Market, REDF Box Set, 2000, www.redf.org.

Evans, Amy, Scott Harrison: Finding Meaning in Philanthropy, Mother Nature Network, 2018-03-17.

Flannery, M., KIVA and the Birth of Person-to-Person Microfinance, Innovation, winter and spring, 2007.

Girard, E., Rahman, H. and Stone, B. 2007. 'Socially responsible investment: goody-two-shoes or bad to the bone?' Journal of Investing, 16:1, 96-110.

Global Sustainable Investment Alliance (GSIS), 2016 Global Sustainable Investment Review, 2017.

Grameen Bank: Bank for the Poor, Home → Methodology → Credit Delivery System, http://www.grameen.com/credit-delivery-system/, 2018-2-10 접속.

Grameen Bank: Bank for the Poor, Home → Methodology → 16 Decisions, http://www.grameen.com/16-decisions/#, 2018-2-10 접속.

Grameen Bank, Monthly Report, No. 457, February 6, 2018.

Gunther, Marc, Brewing Success (The Fun Way), B the Change, Oct. 31, 2016.

Impact Investment Exchange (IIX), https://iixglobal.com/who-we-are/#OurStory, 2017-11-26 접속.

Impact Partners, Impact Enterprises, http://impactpartners.iixglobal.com/impact-enterprises, 2017-11-25 접속.

Jacqueline Novogratz, Acumen Founder And CEO, https://acumen.org/jacqueline-novogratz/, 2018-03-18 접속.

JustGiving, https://www.justgiving.com/fundraising/charliesimpson-haiti, 2018-03-04 접속.

Karen Klein Anti-Bullying Foundation, http://karenkleinfoundation.blogspot.kr/, 2018-03-04 접속.

Kiva, https://www.kiva.org/about/impact/success-stories, 2017-02-19 접속.

Le Maux, J. and Le Saout, E. 2004. The performance of sustainability indexes. Finance India, 18, 737-750.

Mento, Maria D. and Lindsay, Drew, America's Superrich Made Near-Record Contributions to Charity in 2017, Chronicle of Philanthropy, https://www.philanthropy.com/article/America-s-Superrich-Made/242446, 2018-2-12 접속.

Ministry of Justice, Breaking the cycle: effective punishment, rehabilitation, and sentencing of offenders, Green paper evidence report, 2011.

MSCI ESG Research Inc., MSCI ESG Government Ratings, https://www.msci.com/documents/10199/e092c439-34e1-4055-8491-86fb0799c38f.

Newpin Social Benefit Bond, Information Memorandum, April 2013.

Piketty, Thomas, Capital in the Twenty First Century, 2014.

President, SRI/자본시장의 '아이돌' 부상하는 SRI, 2017. 9. 2. http://presidentmedia.kr/archives/3206, 2018-2-12 접속.

Preston, Jack, How Marillion pioneered crowdfunding in music, 2014. 10. 20. https://www.virgin.com/music/how-marillion-pioneered-crowdfunding-music.

Retail Charity Bonds, http://www.retailcharitybonds.co.uk/investors/#bonds, 2018-2-19 접속.

Robecosam, 2015, Measuring Country Intangibles: ROBECOSAM'S COUNTRY SUSTAINABILITY RANKING, http://www.robecosam.com/images/Country-Sustainability-Paper-en.pdf.

SASIX, About Us, http://www.sasix.co.za/about-us/, 2017-11-25 접속.

Schreiner, Mark. 2003. The performance of subsidized microfinance organization: BancoSol of Bolivia and the Grameen Bank of Bangladesh. Mellen Studies in Economics 19:3.

Seventh Generation, https://www.seventhgeneration.com/, 2018-03-17 접속.

Share&Care, https://www.sharencare.me/, 2018-03-25 접속.

Social Enterprise Law Tracker, 'Social Enterprise Law Tracker', http://www.socentlawtracker.org/#/bcorps, 2017-11-24 접속.

Social Finance, Criminal Justice SIBs Workshop, 2011.

Social Ventures Australia, Information Memorandum: Newpin Social Benefit Bond, 2013.

Starbucks, We Are #Indivisible, https://www.starbucks.com/indivisible, 2018-03-18 접속.

Statista, https://www.statista.com/outlook/335/100/crowdfunding/worldwide.

US SIF Foundation, 2016, Report On US Sustainable, Responsible and Impact Investing Trends, 11th ed.

Yunus, Muhammad and Karl, Weber, Creating a World without Poverty: Social Business and the Future of Capitalism, 2007, PublicAffairs, New York.

Yunus, Muhammad, It Is Time for A Social Stock Exchange, Yunus Center, http://www.muhammadyunus.org/index.php/yunus-centre/yunus-centre-highlights/951-it-is-time-for-a-social-stock-exchange, 2018-2-6 접속.

Zandee, D. P. (2004, October). BOVESPA and the Social Stock Exchange: Mobilizing the financial market for development. Commissioned by the United Nations Global Compact Office (Available at http://www.unglobalcompact.org/docs/news_events/9.1_news_archives/2004_10_11/bovespa_cs.pdf).

index

찾아보기

ㅇ

ㅈ

저자 소개

| 김창수(金昌秀) |

- 연세대학교 경영학과, 학사 (전공: 경영학)
- 연세대학교 대학원, 석사 (전공: 재무관리)
- University of Wisconsin-Madison, MBA (전공: Finance)
- University of Wisconsin-Madison, Ph. D. (전공: Finance, 부전공: 경제학)
- 교보증권 사외이사
- 스톡옵션표준모델제정위원회 위원
- 한국거래소 상장 공시 위원
- 연세대학교 빈곤문제국제개발연구원(IPAID) 원장
- 한국재무관리학회 편집위원장
- Asia-Pacific Journal of Financial Studies (SSCI) 편집위원장
- 한국재무학회, 한국재무관리학회 부회장
- 한국증권학회 회장
- St. John's University, 조교수
- University of Washington Fulbright 연구교수
- University of Illinois-Urbana/Champaign 교환교수
- 현 연세대학교 교수

사람을 위한 금융

초판1쇄 인쇄 2018년 4월 25일
초판1쇄 발행 2018년 4월 30일

저　　자 김 창 수
펴 낸 이 임 순 재
펴 낸 곳 (주)한올출판사
등　　록 제11-403호
주　　소 서울시 마포구 모래내로 83(성산동, 한올빌딩 3층)
전　　화 (02)376-4298(대표)
팩　　스 (02)302-8073
홈 페 이 지 www.hanol.co.kr
e - 메 일 hanol@hanol.co.kr
I S B N 979-11-5685-673-3

- 이 책의 내용은 저작권법의 보호를 받고 있습니다.
- 잘못 만들어진 책은 본사나 구입하신 서점에서 바꾸어 드립니다.
- 저자와의 협의 하에 인지가 생략되었습니다.
- 책 값은 뒷표지에 있습니다.
- 이 저서는 2016년 대한민국 교육부와 한국연구재단의 지원을 받아
  수행된 연구임 (NRF-2016S1A5B8925203)